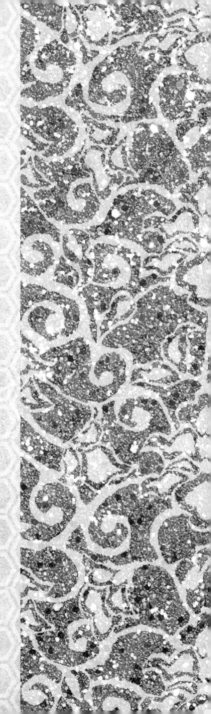

人格修養のすすめ

都　泰寛
MIYAKO Yasuhiro

文芸社

◇ 目次 ◇

はじめに

『貞観政要』とは？

『貞観政要』とは、唐の第二代皇帝・太宗（李世民）と魏徴や房玄齢といった側近との問答をまとめた古典です。我が国でも古来、主に指導者たちに読まれ続けてきた一冊になります。幕府を開いた将軍たちや、歴代の天皇にも多く進講されてきました。なかでも徳川家康はたいへんな惚れ込みようで、朝夕と側に置いて読んだほか、藤原惺窩《せいか》に講義をさせ、大名にも配布していたくらいです。

この古典は「帝王学の教科書」と呼ばれるように、**指導者に必要な要素が凝縮されているる**ゆえに、今日まで読み継がれてきました。その教えを一言で表すと、冒頭の文言「必ず先《ま》づ須《すべから》くその身を正すべし」になります。これを解説されたものが、『貞観政要』という古典なのです。

『貞観政要』の主役となった李世民は、中国史上最高の名君と名高く、その治世は「貞観の治」と呼ばれております。また文化の面で見ても黄金期を迎えた時代でした。それを成し遂げた太宗の言動・考え方が詰まっているゆえに、リーダーたちが学んできた一冊なのです。時代が変われども、変わることがない統治の本質が、そこにあります。

李世民は中国史上最高の名君と言われますが、世界史という観点で見ても、最高の水準に位置する指導者であると言っても過言ではありません。世界に誇る東洋の叡智の真髄、大いに学んでいきましょう。

組織の成否は指導者で決まる

人を指揮する立場になった時、部下への接し方や指導方法、またいかに力を引き出し業績に繋げていくか……多くの方が悩む問題でしょう。世の中は基本的に「組織」で動くゆえに、上手にまとめて引っ張っていく方法や求められるリーダー論は、いつの時代にも需要があります。上に立つ指導者がどのような人物なのか……それを見ることで、その組織は分かるのです。極端に思われる方がいらっしゃるかもしれませんが、それは歴史が証明するところです。

古今を通じて変わらぬ、名指導者に共通するもの

古今の名君・名将・名経営者……また大なり小なり何かを成し遂げた者……彼らの言動をよくよく検討してみると、ほぼ「共通するモノ」が見えてきます。これから明らかにしていきますが、それは一言で申しますと、「人格」になります。また「人間としての基礎、土台」「教養」とも言います。この人格を磨くことが良きリーダーへの道のりとなりますが、その道のりは「修身」によってしか進んでいくことはできません。我が国にもかつて、その名を冠した教科がありました。そこで教えられるのは、現在にふさわしくないものを除き、「人に親切にする」「されて嫌なことはしない」といった普遍的な道徳です。これを学び、身に付けていくことが、良き指導者になるという目的達成のための手段になります。

人格修養の重要性は、先人たちも教えるところで、大蔵大臣を7回も歴任した財政の専門家・高橋是清もたいへん力説しています。

凡百《ぼんびゃく》の事、生地が肝心であります。生地は精神で。人間は建築であります。生地の精神が悪るくては、到底立派な人間即ち建築を作る事は出來ないのであります。此精神の根本を涵養して居無いが為《た》め、正直な気質や、責任観念が乏しく、稍もすれば、高等教育を受けた者にして、破廉恥の所爲あり、所謂免かれて恥なき徒の頻出する所以

であります。

（高橋是清・遺著『随想録』）481p

また大蔵大臣や内務大臣、第二十七代内閣総理大臣を歴任した浜口雄幸《はまぐちおさち》もまた、次のように述べています。

余の信ずる所に依れば、人格は努力と修養とに依つて完成せられないまでも少くとも或る程度に於て向上發達せられ得べきものであり、又向上發達せしめなければならぬものである。況んや水平線以下の天分しか持つて生れなかつた所謂平凡なる人格の持主に於ておやである。小成に安んずると自暴自棄とは人格の萎縮でありその破滅である。

（濱口富士子・編『濱口雄幸遺稿　随感録』）6p

中国古典がひらく、東洋の叡知――名君への道

先に述べた「修身」もそうですが、名君への道の根底には中国古典があります。孔子の教えをまとめた『論語』は、恐らく最も人口に膾炙《かいしゃ》するものでしょう。四書五経といった古典も、耳にしたことくらいはある……そんな方も少なくないことかと思います。例えば、『論語』をよく学び自ら講義もした渋沢栄一は、有名な人物として挙げられます。それは

今日『論語講義』という書籍として出版もされています。渋沢栄一に絞って研究しても、講義までした『論語』の教えがよくよく身に付いていることに驚くことでしょう。中国古典の体得者の一人です。

中国古典は「実学」と言います。教えられることを理解し、実際の行動を通して身に付けていくゆえに、「実学」と言われるのです。「論語読みの論語知らず」という言葉がありますが、一字一句丸暗記していたとしても、何一つ行動に移していないのでは全く意味を成しません。それは知った、理解したとは言わないのです。この言葉は、実学たり得ないものに陥ることを戒めたものになります。ここでも、高橋是清の言葉を紹介しておきます。

道徳といふものは書物の上で知つたり、口先だけで云ふだけでは何等の権威がない。これを実践躬行してこそ、始めて価値がある。（中略）心の中では『あゝせねばならぬ。斯々にすべきものだ』と思つてゐる事でも、兎角『論語読みの論語知らず』で行はれ難いのが人間の弱点である。我々が道徳を実践して人格を完成して行くためには、常に『我欲』を制し、己に克つ精神が是非必要である。

（高橋是清・遺著『随想録』）194p

数多く存在する中国古典、何を学び実行していけば良いのか――いくつか挙げておきます。

○思想書

『論語』

『貞観政要』

○歴史書

『十八史略』

『資治通鑑《しじつがん》』

『論語』は古《いにしえ》より読み継がれてきた不朽の古典代表格です。『大漢和辞典』を編纂した碩学であり教育者の諸橋轍次は漢字の里・諸橋轍次記念館・編『諸橋轍次博士の生涯』107pの中で、読むなら『論語』であるとも言っています。『中国古典名言集』（一〜八）という著作の中でも大いに取り上げられていますので、こちらもお勧めの一冊です。『貞観政要』は本書の主役となる古典であり、冒頭で取り上げたとおりになります。

『十八史略』と『資治通鑑』は、中国の歴代王朝の通史です。硬派な思想書は手が出にくい方でも、様々な物語が収められており、読みやすいものになっています。『資治通鑑』は、三菱創業者の岩崎彌太郎が愛読していたことでも知られ、内容をしっかり血肉としていたことが窺えます。
前置きが長くなりましたが、「中国古典を通じて満足に人格の陶冶《とうや》が成された人物」を上にいただくのが、最も理想的な組織となります。このような人物を「日本型リーダー」と呼称します。日本型リーダーがいる組織というのは、平時から強力でありますが、危機的状況に最も強い組織です。その効力は限りなしと言っても過言ではありませんが、そこに至るまでの道のりは決して平坦なものではありません。学び、努力した分は必ず成果を実感できる時がきます。一朝一夕で得られるものは、所詮は付け焼き刃に過ぎませんが、千里の道も一歩からと言うように、地道な努力を間断なく続けるしか、良き指導者への道は進めません。そして、今まで述べたこと、これから学んでいくことを実感できたその時が、中国古典を体得した時です。そこまで学びを深めていきましょう。この『人格修養のすすめ』は、それを博引旁証《はくいんぼうしょう》（多くの用例から説明すること）するものであります。

自ら彊《つと》めて息《や》まざれば、必ず致す可きなり。

『貞観政要・上　君臣鑒戒』192p

（大意）自身でつとめ励んでやめることがなければ、必ず成し遂げることができる――

人の上たる者、勉めざる可けんや。

『貞観政要・上　論誠信』443～444p

（大意）人の上に立つ者は、努力しなければならない――

我が国で流布される『貞観政要』は、元の戈直《かちょく》による集論本の系列が基本となっていますが、原田種成は「通行刊本は誤脱が多いばかりでなく恣意《しい》な変竄《へんざん》が加えられている」と新釈漢文大系『貞観政要』の例言で述べています。それは「宋元人の手によって変改されない真本に復元した」『貞観政要定本』を底本にした正確なものの一つです。これを元に、『貞観政要』を見ていきたいと思います。従って、特に断りが無い限り『貞観政要』本文の引用元は、明治書院発行の原田種成・著　新釈漢文大系『貞観政要』になります。

君道篇

・リーダーの心得……自ら率先し身を正し、必ず人を大事にするべし。

君たるの道は、必ず須く先づ百姓を存すべし。若し百姓を損じて以て其の身に奉ぜば、猶ほ脛を割きて以て腹に啖はすがごとし。腹飽きて身斃る。若し**天下を安んぜんとせば、必ず須く先づ其の身を正すべし。**未だ身正しくして影曲り、上理《おさ》まりて下亂《みだ》るる者は有らず。朕《ちん》毎《つね》に之を思ふ。其の身を傷《やぶ》る者は、外物に在らず。皆、嗜欲に由りて、以て其の禍を成す。

『貞観政要・上　君道』29p

まずは前半部分、「君たるの」～「腹飽きて身斃る」まで見ていきます。「君たるの道」は指導者の在り方・心得。「百姓」は「ひゃくせい」と読み、民の意。「存す」は労る、憐れむの意。人を己の利益のために使い倒すようなことは、ちょうど自分の肉を切り取って食べるようなもので、満腹になるころには死んでしまうと述べられます。
「パワハラ」や「ブラック企業」といった言葉は珍しくもなくなって久しいですが、この教えを指導者が理解し実行すれば、そのような概念とは無縁になります。それを教えた文言です。

事業にしても行政にしても、組織が動いていくためには、「人」あればこそ。身内の社員に限った話ではなく、すべての関係先も含まれます。三井や出光、百貨店の三越、その他多くの旧財閥や企業のうち、ゼロやマイナスからスタートして大きく成長したところに、例外はありません。すべて人を大事にしてきたのです。それこそが、指導者が当然持っているべき考え方、「君たるの道」になります。では、その具体的な事例をいくつか紹介しましょう。

・威王……春秋戦国時代、齊王

此の四臣は、将《まさ》に千里を照らさんとす。豈特《あにただ》に十二乗のみならんや。

（林秀一・著『十八史略　上』）94p

・出光佐三……出光興産創業者

出光は一にも資本です、二にも資本です、三にも資本です、四にも資本です、その資本とは人なんです、五か六に金がくるんですよと。

（出光興産株式会社・編『出光五十年史』）95p

・岩崎彌太郎……三菱創業者

事業の成功は一に人物、二に人物、三に人物という見地から、岩崎が盛に人材を養成した。

（小林正彬・著『岩崎彌太郎　治世の能吏、乱世の姦雄』）124p

・武田信玄……戦国最強と言われた戦国大名

人は城　人は石垣　人は堀　情けは味方　讎《あだ》（あだ・かたき）は敵なり。

（甲斐志料刊行会・編『甲斐志料集成　9』）345p

・徳川家康……江戸幕府創始者

我等を至極大切に思入り、火の中、水の中へも飛入り、命を塵芥《じんかい》とも存ぜぬ士五百騎所持致したり、（中略）此士共を至極の寶物と存じ平生秘藏に致たす（以下省略）。

（岡谷繁実・著『名将言行録　後篇　上』）69p

・馬周……太宗・李世民に仕えた侍御史

天下を理むる者は、人を以て本と為す。

『貞観政要・上　論択官』206p

・日比翁助……三越創業者

事業の根本は人にあり、店員一同が全智全能力をあげ三越精神をもつて事に當《あた》るならば、店の繁榮は期してまつべきだ。

（星野小次郎・著『三越創始者　日比翁助』）119p

・松坂敬太郎……ヒロボー株式会社元社長

人材こそが会社の最大の資産だという信念が、松坂にはあった。「いちばんの資産は何があるかというと、人です。人を残して、何とか有効に使おうと」

（プロジェクトX制作班・編『プロジェクトX　挑戦者たち　二十七』）128p

・孟子……春秋戦国時代の儒学者

君の臣を視ること手足の如くなれば、則ち臣の君を視ること腹心の如し。（中略）君の臣を視ること土芥《どかい》の如くなれば、則ち臣の君を視ること寇讎《こうしゅう》の如し。

（内野熊一郎・著『孟子』）281p

・李世民……唐の第二代皇帝

國は人を以て本と爲し（以下省略）

『貞観政要・下　務農』619p、623p

先人たちがすでに明らかにしていること、お分かりいただけるかと思います。組織の根本は人。だからこそ、人を大事にする情けは味方であり、離れてしまうようなこと、すなわち讎は敵となるのです。これは組織運営のコツであり、また成功のための要諦でもあります。「**人を粗末にする組織に燦然と輝く前途なし**」、よくよく理解し行動に移していきましょう。実際の事例を、昭和の先人たちよりご紹介します。

（『プロジェクトX　挑戦者たち　二十九』）

「人間同士のつながりというのか、信頼関係で人を動かす親方だよね（以下省略）」 303p

関西の電力不足解消のため始動したプロジェクト、黒部第四ダム建設計画。大町トンネル工事にて、千人を超える作業員を束ねた親方・笹島信義を評した部下の言葉です。作業員が瀕死の重傷を負う事故の発生・恐怖のため去りゆく作業員――親方を辞する決意をしたそんな時、笹島の元へ作業員たちが戻ってきたのです。この言葉を述べた堀一重儀もその一人でした。この親方の元で苦節一年七か月、絶望視されていた黒部への大町トンネルを開通させたのです。

（『プロジェクトX　挑戦者たち　十二』）

山崎は一人ひとりに給料を直接手渡すと、いつも「ご苦労さん」と声をかけた。 19p

「何も焦ることはない。それより、何もない山のなかで息が詰まるだろう。これで一杯やってくれ」山崎はそう言うと、封筒に入ったポケットマネーを差し出した。 38p

山崎時計店二代目・山崎久夫。「諏訪を東洋のスイスにしよう」をスローガンに、世界初のクオーツ腕時計の開発に乗り出しますが、胃ガンのため、志半ばで亡くなってしまいます。どこまでも人を大事にした山崎の元に集まった技術者たちは、協心戮力《きょうしんりくりょく》（力を合わせて取り組むこと）すること二十五年。「三日ぶっ続けのバレーボール」という耐久試験にも通り、世界初のクオーツ腕時計「アストロン」を発売、世界を制したのです。

（『プロジェクトX　挑戦者たち　十二』）

「やはり、人、人、人材ですね。（以下省略）」　203p

この言葉は、「ウリミバエ根絶」プロジェクトの一員だった、植物防疫官、与儀喜雄のものです。プロジェクト成功の秘訣を聞かれた際のものになります。この信念の元、プロジェクトチームはウリミバエの研究に始まる一連の台風直撃・不活性サナギの散布、協力を拒む在日米軍などの困難を突破し、我が国の野菜を守り抜いたのです。

（『プロジェクトX　挑戦者たち　十八』）

「スエズは長かった。その分だけみんなもご苦労だった。それだけ価値のある仕事をやり遂げた」

63p

一九五六年頃登場し始めた大型タンカー。当時のスエズ運河はこのような大型船舶が通行できるものではなく、存亡の危機にありました。先の言葉を述べることになる、社員を大事にした社長・水野哲太郎率いる水野建設（現・五洋建設）が難工事を引き受け、掘削を阻む岩盤・第三次中東戦争の勃発などの苦難を切り抜けることに成功。二十年の歳月を経て、十五万トン級のタンカーが通行できるように工事を成し遂げたのです。

次は後半部分、「若し天下を」～見ていきます。前半部分と間が空いてしまったので、もう一度載せておきます。

若し天下を安んぜんとせば、必ず須く先づ其の身を正すべし。未だ身正しくして影曲り、上理まりて下亂るる者は有らず。朕毎に之を思ふ。其の身を傷る者は、外物に在らず。皆、嗜欲に由りて、以て其の禍を成す。

『貞観政要・上　君道』29p

「天下を安んず」は天下を安定させること。この天下は国家という大きな概念に限らず、組織全般を指したものです。この「天下」を安定させるためにはどうするか、それにはまず**自分自身を正すこと**だ、と教えられます。個人が身を正してなぜ天下が治まるのかと、思われる方がいるかもしれません。儒教の根本的な考え方として、「個人」が身を修めることで「家」が治まり、それぞれの家が治まることで「国家」が治まり、それによって太平の世となる、と言います。儒教は「身を修める」ことを重視した教えが多いのも、このためです。これを「**修身斉家《せいか》治国平天下**」と言いますが、この考え方の逆から言ったものが、太宗の言葉というわけです。例えば、一家の大黒柱が自分のことしか頭になく、好き勝手しているような家が整うということはありません。そのような者が国政の場に出てきたところで、やはり国家がよく治まるということはあり得ません。上に立つ者は特に「身を修める」ことが求められるのは、これが理由です。それでは、何を以て「身を修める」と言うのでしょうか?

・身を修める……普遍的な道徳・人倫の道

初めにも述べましたが、かつて我が国に、「修身」という科目がありました。現代にそぐわないものもありますが、これに教えられている道徳的内容は、「四書五経」などの古典に源流を見ることができます。「身を修める」とは、これらの古典に教えられることを理解し実行することによってなされます。「人格の陶冶」、「人間としての基礎を築く」等、種々の言い方を先人たちはしていますが、いずれも指すところは同じです。教えを実行することによって身に付けていくゆえに、中国古典は「実学」とも呼ばれます。これらは生まれ持たない限り、古典を学ぶ以外に知ることはできません。『名将言行録』より、徳川家康の言葉を見てみましょう。

人倫の道明らかならざるより、自から世も亂れ國も治らずして騒亂止む時なし、是の道理を悟り知らんとならば、書籍より、外にはなし、書籍を刊行して世に傳《つた》へんは、仁政の第一なり（以下省略）。

（『名将言行録』）102p

（大意）人倫の道が明らかでないところから、自然と世は乱れ国家も治まらず、争乱が止むことがない。この道理を知りたいならば、書籍を紐解く以外に方法はない。書を刊行して世に伝えることは、仁政の始めである――

徳川家康は江戸幕府二六五年、太平の世の基礎を築き上げましたが、『名将言行録』に見るその言動には、古典――とりわけ『貞観政要』から大きく影響を受けていることが窺えます。それは別の機会に取り上げることにしまして、さっそく「身を修める」とはいかなることか、『尋常小學修身書』からいくつか事例を見ていきましょう。第一巻です。

間違いはすぐに改める

トラキチ　ノ　ナゲタ　マリ　ガ　ソレテ、トナリ　ノ　シヤウジ　ヲ　ヤブリマシタ。トラキチ　ハ　スグ　トナリ　ヘ　アヤマリ　ニ　イキマシタ。

（文部省・著『尋常小學修身書　兒童用』）11p

とらきちの投げた鞠《まり》が、隣家の障子を破いてしまったので、すぐに謝罪に出向いた、という話です。**過ちを認めて正直に謝罪する**——これを当然に実行できる大人がどれほどいるでしょうか。その場しのぎに成功し、例え露見を免れたところで、悪因悪果・自因自果と教えられるとおり、必ず自分に災難として返ってきます。場合によっては取り返しのつかないことにもなりかねません。ごまかしたり嘘をついたりしない。結局、正直に認めることが最も損害が軽微なものになり、信用にもつながっていくのです。また『論語』に以下のようにあります。

過ちては則ち改むるに憚《はばか》ること勿かれ。

（吉田賢抗・著『論語』学而）25p

過ちて改めざる、是を過《あやまち》と謂ふ。

（前掲書　衛靈公）355p

前者は、あやまってしまったら、それを改めるのに躊躇することがないように、の意。後者は、間違ってしまっても改めることがない、これを過ちという、の意。完全無欠な人間は存在しない以上、過ちはしてしまうものです。ゆえに、**速やかに改めないことこそが過ち**であると述べられます。修身書はこのようなことを分かりやすく、ありがちな事例を以て平易に教えているのです。児童用だからと馬鹿にはできない、なかなか深いものになっています。

次にいく前に事例を一つ、過ちを認め反省し、次に活かそうと努力した太宗を見ておきましょう。

祖尚が處分を受けざるは、人臣の禮を失すと雖《いえど》も、朕即ち之を殺す可けんや。大いに是れ急なるを傷む。一たび死せば再び生く可からず。悔ゆとも及ぶ所無し。

(『貞観政要・下 論悔過』) 518p

以前に祖尚が官位を受けることを固辞したため、腹を立てた太宗は殺してしまったことがありました。この一件は、筋が通っていれば許した、北斉の暴君・文宣帝にも及ばないところであると深く反省し、処置を急ぎ過ぎたと過ちを認めたのです。一般人ですらごまかしたり正当化しようとするものを、皇帝の身分で実行していたのです、見習わないことはありません。

「信用」は、人生における最良の無形財産

コノ　コ　ハ　タビタビ　「オホカミガ　キタ。」ト　イツテ、人ヲダマシマシタ。ソレデ　ホントウニ　オホカミ　ガ　デテキタ　トキ、ダレ　モ　タスケテ　クレマセン　デシタ。

（『尋常小學修身書　兒童用』）12p

童話にも見かける「オオカミ少年」のお話です。常習的に嘘をついていると、人から信用されなくなりますが、その「信」の大切さを教えたものになります。「信用」は指導者にならずとも、生きていくうえで欠くべからざるものの一つです。人を欺き、己を欺いた先にあるものは、誰にも相手にされない孤立無援の世界となります。これに関し、『論語』と、『随想録』に次のように教えられます。

人にして信無くんば、其の可なるを知らざるなり。

（『論語』為政篇）58p

成功せんとする青年は、人から信用を獲ねばならぬ。（中略）**信用とか聲望とか人望と云つたやうな事は、自分から獲べきものではなくして、人の與へたものである。**

信用こそ己の爲めに大切な財産であると云ふ事を思はねばなりませぬ。

（『随想録』）142p

（前掲書）465p

孔子は「信用」がないような人間には良いところなんてないと言い、高橋是清は物事をうまく成功させるためには「信用」が不可欠であると言っています。高橋是清の言葉はたいへん重要で、列記すると、

・人に悪印象を持たせてはならないが、それは「媚《こ》び諂《へつら》う」ことではない。

・信用は自分で作るものではなく、人に尽くした結果として与えられるものである。

・信用は自分のための、貴重な財産である。

となりましょう。いまひとつ、信用が大きな成功要因の一つとなった事例を、『三越創始者　日比翁助』より日比翁助に教えてもらいましょう。

日比時代に於いて信用の確保に向つて全力を提げ、店の信用を築くことに細心なる注意を拂《はら》つてきたことも大なる一因と言わねばならぬ。

日比はまず日比自身の信用保持に努めた。

（『三越創始者　日比翁助』）146〜148p

慶應義塾にも学んだ日比翁助は、「士魂商才」の教えを常に念頭に置いていました。士魂とは侍魂、武士道精神を言います。「信用の確保」は、それにも大いにかなったことになります。明治の元老や軍人など、多くの支援を受けた日比ですが、偏《ひとえ》に絶大な信頼に由ったのです。築くは一手間、失うは一瞬。「信」を軽んじる者は成功しないうえ、人の上に立つことなど不可能であること、よくよくご理解いただけるかと思います。自他を欺かず、信頼を損ねるような言動は厳に慎んで、慎み過ぎることはありません。

漢学の大家・諸橋轍次もまた、信用に関して言及しています。『古典の叡知』より、ご紹介しましょう。

うそを言わないということが人間の修養上いちばんたいせつな教えだと考えるのであります。

（諸橋轍次・著『古典の叡知』）24p

一つのことばに「**暗室を欺かず**」ということばがある。（中略）見ておらないから何をやってもよいという、そういうことは許されない。

（前掲書）25p

諸橋轍次は、世界に誇る漢和辞典『大漢和辞典』の編纂を担った中心的存在です。学者として、また教育者として、広く深い古典教養を備えた、範とすべき師と言えましょう。引用元の『古典の叡知』と、博士の言動・思想等が書かれている『諸橋轍次博士の生涯』はお勧めする書籍であり、教育者は必読の書籍です。

ここまで信用の大切さを言ったものについて見てきましたので、今度は「信」を軽んじて失敗した事例を見ておきましょう。

長年の関係を考慮して、また将来三越の業績が回復した際には、改めて見直すことを条件にすべてのんできた。

（『プロジェクトX　挑戦者たち　九』）259p

当時テレビから新聞から騒ぎになった、「岡田事件」と呼ばれる三越の大騒動に関するものです。重要なのは、三越社長・岡田茂は、業績回復の暁には料金の改定をするという約束を破ったのみならず、さらなる低料金で他の業者をけしかけたことです。人の弱みにつけこみ、さらに痛めつけることを四字熟語で落穽下石《らくせいかせき》（弱みにつけこんで追い打ちをかけること）と言いますが、岡田のしたことはまさにそれになります。この後、ヤマト運輸は三越を見限り撤退することを決意します。三越幹部は慌てたようですが、信頼を損ね続けた結果に待ち受けるものはこの状態です。見限られ、縁を切られてからでは取り返しがつかないこと、忘れてはなりません。

嘘をつき続けた結果、身を滅ぼしてしまった者もいます。身動きがとれなくなり、殺されることになった暗愚な王です。

故《かっ》て王、諸侯と約し、寇《あだ》、至る有らば、則ち烽火《ほうか》を擧げ、其の兵を召して來援せしむと。乃ち故無くして火を擧ぐ。諸侯悉く至る。而も寇無し。褒姒《ほうじ》大いに笑ふ。（中略）申侯、犬戎《けんじゅう》を召して王を攻む。王、烽火を擧げて兵を徴す。至らず。犬戎、王を驪山《りざん》の下に殺す。

（『十八史略　上』）51p

周の幽王は、敵襲あらばのろしを挙げて救援を要請し、諸侯がかけつけるという約束を交わしていました。戯れか手違いか、敵襲もないのにのろしを挙げると、諸侯が約束どおり集まりました。しかし敵の姿なく困惑します。笑うことがなかった寵姫《ちょうき》の褒姒は、そんな諸侯を見て大いに笑ったのです。喜んだ幽王はその後もたびたび嘘ののろしを繰り返したようで、ついに諸侯の信用を失ってしまいます。敵襲と嘘をつき、諸侯を欺き続けた幽王は、悲惨な最期が待ち受けていることなど知る由もありません。犬戎が本当に攻めてきた時にのろしを挙げますが、「またいつもの嘘だろう」と、かけつけてくれる諸侯は一人もいませんでした。ついに驪山という所で追い詰められ、王は殺されてしまったのです。

嘘をついて人を騙した結果、信用どころか命まで失ってしまった先人がいるのです。これを鑑としない理由はありません。世に「嘘も方便」という言葉があるとおり、時には必要な嘘もあるでしょう。そのような場合を除き、結局正直者が被害を最低限に抑えられ、また得もするのです。

落とし物は持ち主へ。されて嫌なことはしない

セイキチ　ハ　エンピツヲ　ヒロヒマシタ　ガ、オトシタ　コドモ　ニ　ソレ　ヲ
カヘシテ　ヤリマシタ。
（『尋常小學修身書　兒童用』）13p

落とし物は届け出る――当たり前に思われるかもしれませんが、落ちていたモノによっては持ち逃げする場合も少なくないでしょう。お札一枚なら届け出ても、大枚入った財布を拾ったならば？　自分は間違いなく届けると断言できる人は多くはないでしょう。拾い物は持ち主に戻るよう行動するのが、「思いやり」「配慮」「優しさ」といったものです。これは古典が教えるところの「仁」になります。常に「思いやり」を誰に対してもかけられれば、それは信頼にもつながります。**情けは味方、仇は敵**。ゆめゆめ失念しないよう、心掛けなければなりません。

このお話、もう一つ教えられることがあります。自分が落とした物を持ち逃げしてほし

い、などという人はまずいないでしょう。**自分がしてほしくないことは、人にもしないことです**。人に暴力を振るわれたくないなら自分もしない。人に怒鳴られたくないなら自分も人を怒鳴らない。このように、世の中一人一人が「自分がされたらどうか？」を考えて行動することで、住み良い社会になります。これを『論語』に次のように言いますが、その引用を以て修身書からの「身を修める」具体例は終わりにしたいと思います。

己の欲せざる所は、人に施すこと勿かれと。

（『論語』衞靈公）351p

（大意）自分がされたくないことは、人にもしてはならない。

なお、修身書二巻には、

・親孝行すること。
・勉強すること。努力は必ず報われること。
・規則を守ること。
・「慢心」を戒めること。

などが教えられます。繰り返しますが、現代に合わない内容を除けば、十分実用に耐えるものです。取捨選択することで、良き教材となることでしょう。

一口に修身と言いましても、マニュアルのような行動があるわけではありません。古典に教えられるのは、あくまでも根本・本質であり、基本です。それを踏まえたうえで、様々な具体例を通して学んでいく――行くに径《こみち》に由らずという言葉があるように、地道に進んでいくのが、身を修める一番の近道です。良きリーダーになるには避けて通れぬ道ゆえ、お互いに努力していきましょう。最後に、『貞観政要』内に「修身」について、繰り返し出てくるものを挙げておきます。

古人の善く國を爲むる者は、必ず先づ其の身を理《おさ》む。其の身を理むるには、必ず其の習ふ所を愼む。習ふ所正しければ則ち其の身正し。身正しければ則ち令せずして行はる。

『貞観政要・上　政體』103p

（大意）よく国家を治めた君主は、必ず身を修めていた。身を修めるには、習う所を慎む。習う所が正しければ、身も正しくなる。身が正しければ、命令せずとも行われるようになるのだ。

天下に居る者は、惟だ須く身を正しくし己を修むるべきのみ。

『貞観政要・下　愼所好』488p

（大意）君主が成すべきは、ただ身を正しく修めるだけである。

・耳目を開く……意見は広く求める。

太宗、魏徴に問ひて曰く、何をか謂ひて明君・暗君と爲す、と。徴對《こた》へて曰く、君の明かなる所以の者は、**兼聴**《けんちょう》すればなり。其の暗き所以の者は、**偏信**《へんしん》すればなり。詩に云はく、先人言へる有り、**芻蕘**《すうじょう》**に詢**《と》**ふ**、と。

『貞観政要・上 君道』32p

特定の人物の話ばかり聞いていると、すべての情報——とりわけ都合の悪いものが入ってこなくなり、視野が狭くなります。現場の状況も分からなくなり、適切・客観的な判断が下せなくなってしまいます。風通しを良くすることも指導者の重要な責務であり、それが明君か暗君かを分けるモノサシでもあると教えた文言です。

ここで魏徴《ぎちょう》は、明君は兼聴し暗君は偏信することが、それぞれを分ける所以《ゆえん》であると述べています。「兼聴」とは、兼ねて聴く。誰彼の区別なくその言葉に耳を傾ける意です。芻蕘に詢《と》ふとは、草刈りや木こりにはかる、相談するということ。ここでは身分の低い者の意味で、これが誰彼の区別なく、に当たります。「偏信」は偏って信じる。兼聴と対照的に、決まった人の話ばかり聞く意になります。お気に入りや、太鼓持ちばかり側に置きたいのは人情として分かりますが、実際にそうした結果国を滅ぼした君主は数知れません。だからこそ、それを戒める言葉は多く、また何某か成し遂げた指導者は「兼聴」してきたのです。このことに関連する言葉を、古今からいくつか見ていきましょう。

『帝範』納諫に曰く、

過ち有るも聞かざらんことを恐れ、闕《か》くる有るも補ふこと莫きを懼《おそ》る。鞀《とう》を設け木を樹《た》てて、献替の謀を思ひ、耳を傾け心を虚《むな》しうして、忠正の説を佇《ま》つ所以なり。之を言ひて是なれば、僕隷蒭蕘に在りと雖も、猶ほ棄つ可からず、之を言ひて非なれば、王侯卿相に在りと雖も、未だ必ずしも容る可からず。其の議観る可くんば、其の弁を責めず、其の理用ふ可くんば、其の文を責めず。

（坂田新・著『帝範　帝王学の中の帝王学』）153p

少々難しいので、内容を箇条書きにします。

・皇帝として過ちがあっても、教えてくれる者がいなかったり、欠けていることがあっても補ってくれる者がいなかったり……そのようなことに気を付けなければならない。

・そこで声が届くよう環境を整え、**虚心坦懐に構え**、臣下の真心ある諫言《かんげん》を待つのである。

・進言が正しければ、卑賤の身分だからといってはねつけてはならない。間違っていれば、王侯貴族が相手であっても聞き入れてはならない。

・内容が適切であれば、言葉が足らずとも責めはしないし、理にかなっていれば、表現に難があっても咎《とが》めもしないのだ。

「納諫《のうかん》」と題にあるとおり、諫言を納める――いろんな人からの進言・助言をしっかり聞き入れることを教えます。魏徴が述べた、明暗を分ける兼聴……これをしっかり身に付けた太宗の言葉になりますので、誠によく要諦がまとまっています。リーダーは、これを常に念頭に置き、努力することが求められます。ちなみに、太宗は右に箇条書きした最後の項目に関連した失敗をしたことがあり、魏徴に諫《いさ》められたことがありました。

陝縣《せんけん》の丞皇甫徳参《こうほとくさん》、上書して旨に忤《さから》ふ。太宗、以て訕謗《さんぼう》と爲す。侍中魏徴、奏言す、昔、賈誼《かぎ》、漢の文帝の時に當りて、上書して云ふ、痛哭を爲す可き者三、長歎を爲す可き者五、と。古より上書は、率《おおむ》ね激切多し。若し激切ならざれば、則ち人主の心を起す能はず。激切は即ち訕謗に似たり。惟だ陛下、其の可否を詳《つまびら》かにせよ、と。

『貞観政要・上 納諫』178p

皇甫徳参という者が上書し、太宗の意図するところに逆らったことがありました。なかなか苛烈な内容だったらしく、太宗は自身への中傷であると取り、ひどく怒ったため魏徴が諫めました。それが以下の箇条書きです。

・かつて漢の賈誼が文帝に上書して「現在痛哭しなければならないことが三つ、大きなため息をついて嘆かなければならぬことが五つある、と言ったこと。

・このように、**古より君主への意見は激しい物言いであること。**

・**激しくなければ君主を動かすことはできず、また激しい物言いとは誇ることに似ている。**

こう述べた上で、**真っ当な意見なのか、ただの悪口なのかを判断する**よう諫めました。

太宗は魏徴と徳参を評価し、上書してきた徳参には褒美を下賜《かし》しています。重要なのは、内容です。言葉や表現は瑣末なこと、根幹となるのは冷静に内容を分析し、言わんとするところをくみ取る。これを、太宗の逸話と『帝範』の言葉は教えてくれます。

補足が長くなりましたが、諫言・進言を聞き入れることを強調したものを、紹介しましょう。

『名将言行録』に曰く、

凡そ人の上に立て諫を聞ざる者、國を失ひ、家を破らざるは、古今とも之なしと言は

れける。

（『名将言行録』）67p

（大意）人の上に立ち、諫言や進言を聞かなかった者で、国家や家を滅ぼさなかったなどという事例は、今も昔も存在しない。

『孔子家語』に曰く、

薬酒は口に苦きも、病に利あり。**忠言は耳に逆《さから》ふも行ひに利あり。**

（宇野精一・著『孔子家語』）197p

（大意）薬は苦いものだが、病気に効果がある。同様に、忠言は聞いていて心地よいものではないが、それを聞き入れ、行動に反映させることで大いに効果を発揮する。

『三越創始者　日比翁助』に曰く、

献策、進言は最も歡迎するところで、店外では學者、文士、友人關係では池田成彬、和田豊治等への相談、下つては年少の店員に至るまで、苟《いやしく》も聽いて我意を得たりとすることは躊躇なく實行に移し、決して機會を逸するようなことはなかつた。

（『三越創始者　日比翁助』）127p

『主査　中村健也』より中村健也曰く、

「役に立つことなら乞食の言うことにも耳を傾けよ。役に立たなければ神主の言うことだって聞く必要はない」

（和田明広・編『主査　中村健也』）203p

『プロジェクトX　新・リーダーたちの言葉：ゼロからの大逆転』より池田敏雄曰く、

「とにかく物事を決めるまでは上司だろうと部下だろうと平等だ。対等に議論せよ。一旦決めたら俺が責任を取る。決めた後は文句を言わず従え」

（今井彰・著『プロジェクトX　新・リーダーたちの言葉：ゼロからの大逆転』）20p

戦後、コンピューター市場の世界シェア七割を抑え、君臨していたＩＢＭ。そんなＩＢＭに勝負をしかけたのが、富士通信機製造（現・富士通）。その本格的なコンピューター開発プロジェクトを率いたのが、池田敏雄です。

いくつか事例として取り上げましたが、いかがでしょうか。個人や一般の水準でも、

「人の言うことは聞いたほうがいい」「人間、言われるうちが華」と言われます。古来、市井の人々から君主に至るまで、トップの心構えに止まるものではなく、失敗しないためのコツでもあります。大事にすべきは、お世辞や社交辞令しか言わないような人物ではなく、普通人が言わないようなことをズバリ言ってくれる人です。**忍耐を以て聞き入れ、諫言・進言に沿った努力をすることで必ず「人として」向上することができます。**指導者たる者は、近づけるべき師と、遠ざけるべき小人を見定め、間違えないようにしなければなりません。側に置く人物を間違えると入ってくる情報が限られてしまう事例を紹介しましょう。

この報告書（筆者注・ユダヤ人殺戮の統計結果）はヒトラーに直々に提出されることはなかった。それはマルティン・ボルマンの手に握られてしまったのである。

（『アイヒマン調書　イスラエル警察尋問録音記録』ヨッヘン・フォン・ラング編　小俣和一郎・訳）98p

宣伝相（筆者注・ヨーゼフ・ゲッベルス）が慎重に問い合わせると、ボルマンは彼に面と向かって言った。残念ながら、建白書は総統には届けられていない、なぜならこの提案はヒトラーにもっていってもわずかな見込みさえないからだ。

（グイド・クノップ著　高木玲・訳『ヒトラーの共犯者』下巻）223p

ボルマンはドイツ第三帝国総統・ヒトラーの秘書長をしていた男です。ナチス上層部における評判は頗《すこぶ》る悪く、「悪霊」「うじ虫」といった言葉で評価される、いわゆる奸臣《かんしん》になります。後の「六邪」の項目でも具体例として取り上げます。ハインリッヒ・ヒムラーやヨーゼフ・ゲッベルスのような、大幹部の言葉も届かないような状態になっていたことがわかります。側に置く者の人選、これは間違えることのないようにしなければなりません。失敗例のみでは参考になりにくいと思いますので、「兼聴」の良き事例、また成功例として、いくつか取り上げます。まずは、『貞観政要』より引きます。

太宗・李世民

朕、孤矢《こし》を以て四方を定め、弓を用ふること多し。而るに猶ほ其の理を得ず。況んや、朕、天下を有つの日淺く、治を爲すの意を得ること、固より未だ弓に及ばず。弓すら猶ほ之を失す。何ぞ況んや治に於てをや、と。

『貞観政要・上 政體』55p

幼い時から長年にわたって弓を用い、もはや弓について極めたと思っていた太宗が、その道一筋の専門家・弓工にその誤りを指摘された時のお話です。貞観初年のことになります。

自分では分からないことなどないと思っていた弓でさえ、未だ理解していないことがあった。まして、天下を取ってからまだ日は浅く、治世の道についてはそもそも弓の域に遠く及ばない。得意な弓すら分からないことがあるのに、まして未熟な治世の道など分かっているはずがない……職人からの指摘を受け、未だ至らぬ点について反省するにとどまらず、得意分野すら達人の域に届かないのだから、経験の浅い政治についてはお話にならないはずだ、とたくさんの意見を求めたのです。より「**己を知る**」ために「**多くの諫言を求め**」、それらを「**謙虚に納める**」ことで、太宗は自身を研鑽していきました。この部分に「兼聴」の奥義が凝縮されています。これを良き鑑・範としないことはありません。人から指摘を受け、不愉快に思う時あらば、この逸話を思い出してください。しっかり聞き入れ続けることで周囲も認め、より進言・諫言をしてくれるようになります。せっかく言ってもらえても、はねつけるようなことを続けると、あっという間に見限られてしまいますが、それは百の害あって一つの利もないのです。次は、（ＮＨＫ取材班・編『その時歴史が動いた　13』71～107pより）上杉鷹山になります。

米沢の雄・上杉鷹山

上杉鷹山《ようざん》は第一回目の改革時、七家騒動（改革に反対する重臣を処罰した事件）で保守派の臣下を排除してから取り組みました。ところが、

・百万本の植樹計画の失敗。
・植樹計画責任者の醜聞。
・浅間山大噴火と、そのために焼失した先代・重定の御殿再建。
といった様々な悪条件が重なった結果、失敗に終わり鷹山は一度引退に追い込まれます。しかしその後も、藩内の状態は改善することなく惨状を極めたため、今一度鷹山は藩主に返り咲き二度目の改革に当たることになりました。その筆頭に位置付けられたのが、**広く提言を求める上書箱の設置**です。これは**農民や町人といった身分まで、武士に限定することなく受け付けました**。その中には、かつて七家騒動の際に、反対派の中心として打ち首にした藁科《わらしな》立沢《りゅうたく》の息子・立遠《りっとお》の意見も含まれていたのです。それは「管見談」と呼ばれ、前回の改革への単なる批判に止まらず、養蚕を推奨することで民が繁盛するといった画期的な意見もあり、鷹山はすぐに実行に移しました。耳目を広く開き、身分を問わず、またかつて敵対関係にあったような者まで様々な人たちから意見・考えを募り実行していった結果、米沢藩は財政難から立ち直ったのです。推奨された養蚕は、今日「米沢織」と呼ばれる織物の誕生にもつながることにもなりました。最後に、耳目を開くに関連する言葉を紹介します。

顔《かんばせ》を犯し耳に逆ふは、春秋、之を藥石に比す。

『貞観政要・上 規諫太子』350p

（大意）顔色を気にすることなく諫言すること――これを春秋では、薬石に例えられます。

魏の文帝云はく、**有徳の君は、逆耳の言、犯顔の諍《いさめ》を聞くを樂み、忠臣を親しみ、諫士を厚くし、讒慝《ざんとく》を斥《しりぞ》け、佞人《ねいじん》を遠ざくる**所以の者は、誠に、身を全《まった》くし國を保ち、滅亡を遠避《えんび》せんと欲する者なり、と。

『貞観政要・上 論誠信』441～442p

（大意）魏の文帝の言葉に、「**有徳の君主は、耳に逆らう忠言・顔色に構わない諫めの言葉を聞くことを楽しみ、忠臣を親愛し、諫言する士を厚遇し、他人を陥れる者を退け、口が上手い者を遠ざける**のは、まことに身を全うし国家を安定に保ち、滅亡を避けようとするからである」とあります――

・本番は創業してから――創業と守勢、いずれが難き

魏徴對へて曰く、帝王の起るや、必ず衰亂を承け、彼の昏狡《こんこう》を覆し、百姓、推すを樂しみ、四海、命に歸す。天授け人與ふ、乃ち難しと爲さず。**然れども既に得たるの後は、志趣驕逸《きょういつ》す。**百姓は靜を欲すれども、徭役《ようえき》休まず。百姓凋殘《ちょうざん》すれども、侈務《しむ》息まず。國の衰弊は、恆《つね》に此に由りて起る。斯を以て言へば、守文は則ち難し、と。

『貞観政要・上　君道』34〜36p

創業と守勢、すなわち物事を始めることと、守り維持していくことの、どちらが難しいかについての問答で有名なものになります。

ここで魏徴は、創業と守勢についてそれぞれ理由を述べ、守り維持していくほうが難しいと結論づけています。王朝の交代期に限った話ではありませんが、何かを成そうとする人物は信念を持っています。また意欲も志も高いので、人も集まります。このゆえに、創業は困難とは言えないわけです。ところが、守勢——維持していくことはどうでしょう。創業期に持っていたはずの信念や高い志は、君主なり経営者なりの地位が確立されるにしたがって失われてしまいます。組織内の決定に自分の意思が反映され、思いどおりに動かせるようになると、自分のことしか頭になくなって好き放題するようになるのです。国民なり社員なりを使い倒しても、なお使役を止めることがない——国家の衰弊は常にこれが原因で起こると魏徴は言いますが、その本質は国家に限ったものではなく、組織すべてに言えることです。歴史を見ても、創業を成し遂げた人物はいくらでもいます。王朝や企業の創始者は、歴史の教科書を見るだけでもその数の多いこと、お分かりいただけるかと思います。ところが守勢——有終の美を飾るまで守っていくことをやり遂げた人物となると、極めて少数となります。いくつか例を見ていきましょう。

・前漢　武帝

前漢第七代の武帝は一般的には名君と言われる君主です。強力な中央集権体制を確立させ、官僚を養成するための「太学《たいがく》」や儒学を整理するための「五経博士」の設置、また対外戦争にて勝利をおさめ、漢王朝における最大版図を実現するなど、内外にて活躍しました。そのまま気を緩めなければ有終の美を飾ることができたはずですが、その晩年は残念なものでした。

・対外戦争を繰り返したために招くことになった財政難。

・神仙思想にとりつかれ、不老不死を求める。

等といったことのために、全盛期を築きながら、同時に衰退させてしまいました。先代から受け継ぎ、積み上げた実績を守り通すことはできなかったのです。

・唐　太宗

不動の名君・太宗もまた、実は守勢を貫徹できたわけではありません。中国史上まれに見る黄金期を作り上げましたが、その晩年はとても惜しいものでした。

・高句麗遠征の強行とその失敗。

古今東西、戦争には莫大な出費が付随します。今と違い、迅速かつ大量に人が移動したり物資を移送したりできなかった時代です。当然、現在以上にお金がかかり、財政を圧迫します。だからこそ太宗は自ら戒め、諫言も受け入れることで対外戦争は控えてきました。しかしその治世も末期、高句麗への遠征を重臣らの反対を押し切って強行し、成果もなく引き上げています。その数は三回にも及び、財政を圧迫することになってしまいました。守勢貫徹の一歩手前で、自ら台無しにしたのです。

・東郷平八郎

連合艦隊司令長官として、一九〇五年の日本海海戦において帝政ロシアのバルチック艦隊を撃破し、日露戦争を講和条約まで持ち込む道筋をつけた、言わずと知れた名将です。ところが、その晩節はひどいものでした。

○ワシントン条約時

末次信正や加藤寛治ら「強硬派（後の艦隊派）」、また「東郷平八郎」を「よく知っていた」加藤友三郎（海軍大臣）全権は、

・強硬派の将校が東郷を担ぎ出し、条約締結反対のスピーカーとして利用、また東郷がそれに乗せられ口を出してくること。

・現役将校のなかには、東郷を過去の人物と思う者は多いが、影響力は軽視できないこと。

・東郷は話の筋を理解できる人物であること。

これらのことを十分に分かっていました。その故に、条約締結時に予め本国へ人を遣わして、その経緯を東郷に説明、了解を取り付けていたのです。果たして、加藤友三郎の読みどおり、強硬派は東郷を担ぎ出そうとしましたが、失敗に終わりました。「彼を知り己を知らば、百戦して殆《あやう》からず」とは『孫子』の教えでありますが、「彼を」よく「知っていた」加藤友三郎ならではの、見事な手腕です。このように、ワシントン条約の時は事なきを得たのですが……

○ロンドン条約時

ワシントン会議で活躍した加藤友三郎はすでに亡くなっており、この時は財部彪《たからべたけし》が海軍大臣を務めていました。加藤友三郎ほどの統制力・能力は持たず、東郷周辺への対処・根回しなどもしなかったため、担がれた東郷は口を出すことになります。この頃から、旧帝国海軍は強硬派である艦隊派、穏健派である条約派と分断し、意思の統一が図られなくなりました。問題は、「艦隊派」に属する末次信正や加藤寛治といった軍人に担ぎ上げられた老元帥はそのスピーカーとなり、旧帝国海軍をダメにしてしまったことです。早々に引退していれば有終の美を飾ることができていたにも拘わらず、自らその事績に傷をつけるようなことをしたのは残念でなりません。

この他にも、時を遡る一九一四年に発覚したシーメンス事件の時には、井上良馨《よしか》と共に、八代《やしろ》六郎海軍大臣の元へ乗り込んで口を出すなど、海軍の足を引っ張るようなことばかりしています。守勢の難きことを教える、教訓です。

このように、優れた人物ですら守勢を全うすることは困難なのです。平凡であれば、なおさら意識しなければなりません。では、この守勢を目指すにあたっていかにするのが良いのかと申しますと、この先にその要諦を教えたものがありますので、次の項にて取り上げたいと思います。

・居安思危――守勢の要諦

古よりの帝王を観るに、憂危の間に在るときは、則ち賢に任じ諫を受く。安樂に至るに及びては、必ず寛怠を懐く。安樂を恃《たの》みて寛怠を欲すれば、事を言ふ者、惟だ兢懼《きょうく》せしむ。（中略）聖人の安きに居りて危きを思ふ所以は、正に此が爲なり。安くして而《しか》も能く懼る。豈に難しと爲さざらんや、と。

『貞観政要・上 君道』53p

「居安思危」、これが守勢の要諦・極意になります。これは、太宗が「賢者を登用してその諫めを受け入れれば、天下を守っていくことはできるだろう、なぜ困難と言うのか」との問いに魏徴が答えたものになります。その理由は、

・国家が憂いや危機にある時は、賢者に任せ、その言葉にも耳を傾ける。
・しかし、その状況が去り安楽が訪れると必ず怠けたい気持ちが出てくる。
・そんな時には、届かないことを恐れて諫言する者もいなくなる。
・聖人が安定している時こそ危機が訪れた時のことを思うのは、まさしくこのためである。

と述べられます。先に取り上げた前漢の武帝や唐の太宗もそうですが、長らく安定した状態が続くと必ず「寛怠」の心が出てきます。太宗に至っては、「賢者を登用してその諫めを受け入れれば、天下を守っていくことはできるだろう、なぜ困難と言うのか」という自身の言葉も忘れてしまい、諫めを受けずに高句麗遠征を強行したこと、先の項においても取り上げたとおりです。この「居安思危」、『貞観政要』でもたびたび出てきますが、それだけ実行することが困難であることの表れと言えます。どれくらい出てくるか、以下に列記してみましょう。

天下稍《やや》安ければ、尤《もっと》も須く兢愼《きょうしん》すべし。若し便ち驕逸せば、必ず喪敗《そうはい》に至らん。

上 政體 66p

古より、國を失ふの主は、皆、安きに居りて危きを忘れ、理に處《お》りて亂を忘るるを爲す。長久なること能はざる所以なり。

上 政體 69p

安くして危きを忘れず、亦兼ねて以て懼る。　上 政體 84p

平易の途《みち》を蹈むもの鮮く、覆車の轍に遵《したが》ふもの多きは、何ぞや。安にして危を思はず、治にして亂を念《おも》はず、存にして亡を慮らざるの致す所に在るなり。　下 論刑法 655p

易に曰く、君子は、安、危を忘れず、存、亡を忘れず、治、亂を忘れず。是を以て身安くして國家保つ可きなり、と。　下 論刑法 658p

安くして危きを忘れず、理まりて亂るるを忘れず。　下 論愼終 782p

陛下、聖徳玄遠にして、安きに居りて危きを思ふ。　下 論愼終 815p

他の古典にも「治に居て亂《らん》を忘れず」とあるように、古代より戒められ続けてきたことです。「**安きに居りて危ふきを思ふ**」――短い言葉ではありますが、「**安定している時、調子がいい時ほど、いざという時のことを考える**」という、**組織を長久に保つ秘訣になります**。指導者はこの言葉を、頭の片隅ではなく念頭に置く努力をするべきです。以下に、失敗例と「居安思危《きょあんしき》」を言ったものをそれぞれ紹介し、次の項に移りたいと思います。

○失敗例

『プロジェクトX　挑戦者たち　十六』

「会社が急成長して、自分自身でもいい気になっていた。心のどこかにすきが出たんだと思いますね」

（『プロジェクトX　挑戦者たち　十六』）294p

警備業界最王手・セコム。「水と空気と安全はタダ」と言われていた時代、創業者・飯田亮はたいへん苦労して、我が国初の警備業を軌道に乗せつつありました。そんな時に、契約先のアパートで起きた宝石窃盗事件。犯人は自社の警備員（当時は警務士）と発覚、信頼は一晩で消し飛んでしまいました。「治に居て乱を忘れて」いた、飯田亮の自戒の言葉です。

○教えたもの

『プロジェクトX　挑戦者たち　二十七』

「何かあるかもわからないということをね、いつも考えておかないと（以下省略）」

（『プロジェクトX　挑戦者たち　二十七』）233p

一九九五年、国中を震撼させた「地下鉄サリン事件」。これは、被害者を最も多く受け入れた「聖路加《せいろか》国際病院」院長の日野原重明の言葉です。日野原は緊急招集をかけ、治療のための総動員体制を敷き、自ら陣頭に立って対応に当たりました。

『その時歴史が動いた　34』

「万が一の時になって、思いをめぐらすのではなく、常日頃から非常の事態に備え、一生懸命にわが身を生かす心構えを養うべきである」

（『その時歴史が動いた　34』）61p

数千人の犠牲者を出した「安政南海地震」（一八五四年）。この地震の後、津波被害を軽減するべく「広村《ひろむら》堤防」建設に奔走した濱口梧陵《はまぐちごりょう》の言葉です。この堤防のおかげで、昭和南海地震（一九四六年）の際には一部の浸水を除き、村は津波の被害を免れました。

『貞観政要』

凡そ人、安樂に居れば則ち驕逸す。驕逸すれば則ち亂を思ふ。亂を思へば則ち理め難し。

『貞観政要・上　政體』73p

（大意）およそ人は、安楽な状態にいたら我儘になります。我儘になれば騒乱を願うようになり、そうなれば治めることは困難であります。

天下既に安ければ、則ち情を恣《ほしいまま》にし、欲を肆《ほしいまま》にし、諂諛《てんゆ》を甘樂し、正諫を聞くを惡《にく》む。

『貞観政要・上　君臣鑒戒』189p

（大意）天下泰平に慣れたら、感情や欲のままに動くようになり、おもねりへつらいを楽しみ、諫言や進言を退けるようになります。

政體篇

・小事は見極めるべし——取るに足らない小事と燎原之火

凡そ大事は皆小事より起る。小事、論ぜずんば、大事、又、將に救ふ可からざらんとす。社稷《しゃしょく》の傾危、此に由らざるは莫し。

『貞観政要・上　政體』72p

物事には、看過すべきでない小事と、いちいち取り上げるべきでない小事とあります。指導者たる者が重箱の隅をつつくようなことをしているようでは、信用されるどころか馬鹿にされることでしょう。ところが、小事には「**問題にならないもの**」と「**燎原之火《りょうげんのひ》——放置しておくといずれ大きな禍となる、対処が必要なもの**」の二通りあるのです。

ここで述べられる「小事」は、無論「燎原之火」すなわち対応を必要とするものです。いきなり大ごとが起きるということはなく、すべて燎原之火を放置したことに起因します。それを取り上げなければ、大事はもはや打つ手はなくなるのです。国家にせよ会社にせよ、組織の破綻はこれに起因しないものはない、とは金言でありましょう。

労働災害に関する「ハインリッヒの法則」というものがあります。これは一つの重大事故の背後に二十九の軽微な事故が、さらにその背後に三百の異常があるというものです。まさしく「大事は皆小事より起こる」を言ったものですが、はるか昔から東洋では該当する教えがあるのです。

リーダーに必要なのは、**小事がいずれに該当するのか**を見極める力です。これを誤らなければ、組織を長久に保つことは難くありません。事例を一つ、紹介しておきます。

『プロジェクトX　挑戦者たち　二十三』

「**本質的な問題じゃないと見抜いたら、気にも留めない**。中村さんはそんな人でした」（『プロジェクトX　挑戦者たち　二十三』）34p

初代クラウンの足回りだけの試作車完成時、ハンドルを切った方向とは逆に車が進行しました。技術的な問題ではなく、「取るに足らない小事」と見抜いたクラウン開発の総責任者・中村健也は、ミスの原因を聞くことすらしませんでした。

・リーダー次第で、組織は変わる——人を易へずして治む。

五帝・三王は、人を易《か》へずして治む。帝道を行へば則ち帝たり。王道を行へば則ち王たり。當時の之を化《か》する所以に在るのみ。之を載籍に考ふれば、得て知る可し。

『貞観政要・上　政體』76p

組織は上に立つ者次第で良くも悪くもなる――そのやり方一つで変わるからこそ、指導者は身を修める必要があるのです。

歴代の名君と言われる君主や経営者は、国民や社員を優れた人物と丸ごと取り換えて治めたわけではありません。**民を思えば名君となり、己のことしか思わなければ暗愚な君主となる**のです。組織はリーダー次第というのは、まさしくこれが所以であります。そしてそれは、書籍――古典を読んでいけば明らかなことであると分かるのです。古いものである必要はありません。戦後の日本を牽引した企業に良き手本が多くありますので、ここに一部ご紹介します。

『プロジェクトX　挑戦者たち　八』

「君たちにきちんとできるようになってほしいんだという、心を込めた教え方だったんですね」（中略）翌日から、工兵たち全員の動きが変わった。

（『プロジェクトX　挑戦者たち　八』）56p

戦後、日本とカンボジアの技術者が協力して建設した「チュルイ・チョンバー橋（通称・日本橋）。内戦で残骸となったこの橋を再建するプロジェクトは、文化・民族性の違いやポル・ポト派の攻撃などの困難を乗り越え、カンボジア人の笑顔を取り戻しました。

『プロジェクトX　挑戦者たち　二十四』

長らく赤字部署だったこの部は、神永の精力的な働きで一気に黒字になった。

（『プロジェクトX　挑戦者たち　二十四』）210p

元柔道日本代表・神永昭夫。新日本製鐵（現・日本製鉄）でガスパイプライン事業部を率いていた時、部下を叱らず、落ちているゴミを拾い、年末になれば社内の一人一人に挨拶回りをするなどし、「新日本製鐵一の理想の上司」と言われました。部署の人員を「易へず」して治めたのです。

休憩時間が延びれば、メンバーが現場近くにある詰め所に戻って腰を下ろし休めると考えたのだった。（中略）一度は士気を完全に落とした泊のチームが、復活した。

（前掲書）305p

羽田空港拡張工事の物語です。ヘドロ底なし沼・足を取られ転倒する重機・鼻を衝く悪臭など、現場は「羽田地獄」と呼ばれていました。過酷な環境の中、現場リーダーの一人、泊博昭は作業員のために独断で休憩時間を延長、チームを復活させることに成功しました。人員を「易へず」して、ヘドロの水抜きという難工事を切り抜けたのです。

いずれの場合においても、よく動く、あるいはやる気のある人員と取り換えて事に当たったのではないこと、お分かりいただけるかと思います。立場に限った話ではありませんが、指導者は窮地の時ほど真価を試されます。「人を易へる」必要がないリーダーは、必ずいかなる困難をも突破していくことができるでしょう。実際に先人たちがしてきたことです。重要なのは、その心掛け一つ。「之を載籍に考」え、実行していきましょう。必ず変わることはできます。

・足るを知る——贅沢は崩壊の始まり

欲とは、無ければ無いで欲しい、有ればあったでモットモットと、限りなく拡散していく煩悩です。

（高森光晴、大見滋紀・著『歎異抄《たんにしょう》ってなんだろう』）37p

奢侈《しゃし》への漸進は、崩壊への漸進です。なぜかと言いますと、仏教では、人間のことを

「煩悩具足」と教えます。人間とは欲以外の何者でもない、ということですが、江戸時代にも「人間とは欲望に手足がついたもの」と言った人がいました。その欲は限りがなく、求まったとしても、その満足は続かないと言われます。現在手にしているものに飽き足らず、もっと良いものを求め続けても「求まった」ということがないのは、これがためです。ひたすらに良いものを求めるうちに、出費もまた比例して止まることを知りません。このゆえに、贅沢が進む直前の、始まりのうちに「足るを知って」慎むことが強調されるのです。『貞観政要』に曰く、

帝王爲る者は、必ず須らく其の與《くみ》する所を愼むべし。

『貞観政要・上 政體』89p

（大意）君主たる者は、必ずその好むところを慎まねばならない。

主と爲りて貪なれば、必ず其の國を喪ぼし、臣と爲りて貪なれば、必ず其の身を亡ぼす。

『貞観政要・下 論貪鄙』537p

（大意）貪欲な君主であれば必ず国を亡ぼし、臣下であれば必ず家を亡ぼす。

個人であれば、ただ自身や家庭の破滅で済みますが、位が高くなればなるほど、その程度では済まなくなります。君主であれば国家を滅ぼすことになり、経営者であれば会社を滅ぼすことになるのです。名君の側にはたいてい名臣がつき戒めてくれますが、太宗も賢臣に恵まれていました。以下が、そのやり取りの一つになります。

太宗、嘗て諫議大夫褚遂良《ちょすいりょう》に問ひて曰く、昔、舜、漆器を造り、禹、其の俎《そ》に雕《い》る。當時、舜・禹を諫むるもの十有餘人なり、と。食器の間、何ぞ苦諫を須《もち》ひん、と。遂良曰く、雕琢《ちょうたく》（彫刻の細工）は農事を害し、纂組《さんそ》（冠や髪につける、赤い組みひも。飾り）は女工を傷る。**奢淫を首創するは、危亡の漸なり。**漆器已まざれば、必ず金もて之を爲らん。金器已まざれば、必ず玉もて之を爲らん。所以に諍臣は、必ず其の漸を諫む。其の滿盈《まんえい》に及びては、復た諫むる所無し、と。

『貞観政要・上 求諫』157～158p

そして、『貞観政要』を座右の書にして朝晩と紐解いていた徳川家康。この部分は念頭にあり、かつ身に付けていたことが分かる一節が以下のものになります。

家康曰く、平氏を亡す者は平氏なり、鎌倉を亡す者は鎌倉なり、奢侈の弊《へい》斯《かく》の如くなれば戒めざるべけんやと。一日團扇《うちわ》を獻《けん》ずる者あり、飾るに黄金を以てす、家康視て、大に恐れたる氣色にして、早々深く藏むべき由を命じ、重寶の黄金を以て、斯の如く物を飾れるは、以の外なりと言はれけり。

（『名将言行録』）98p

黄金で飾り付けされた団扇がいかなる豪勢なものであったかは分かりませんが、それを献上されて大いに恐れるような指導者は、古来ごく稀です。その理由は、今は満足しても、そのうち黄金でも物足りなくなり、さらに絢爛なものを求めるようになることを危惧したためになります。上杉鷹山の事例にもありましたが、鷹山の先代・重定は浅間山の噴火で邸宅が焼失したのち、さらなる豪華な御殿の建設に着手。財政を圧迫し、一度目の改革が失敗に終わる要因の一つとなった話も、「危亡の漸」が国を傾けた事例と言えます。

重定に限らず、奢侈《しゃし》淫逸《いんいつ》（度の過ぎた贅沢）に走り、国家や会社を傾けたり潰してしまったりした事例は無限といって差し支えはないでしょう。自分のさらなる利益のために人を食いつぶしては、未来はありません。贅沢は敵だ、とは言いませんが「足るを知り」、節度を持つことを忘れないようにしましょう。最後に、関連する言葉を紹介します。

倹を克《よ》くし用を節するは、寔《まこと》に道を弘むるの源、侈を崇び情を恣にするは、乃ち徳を敗るの本なり、と。

『貞観政要・上　規諫太子』346p

（大意）よく倹約し節度を持つことは、まことに道を弘める源であり、贅沢や感情のままに赴くことは、徳を破壊する元であります、と。

・指導者に相応の器を持つ——昨日の敵は今日の友

初め息隠・海陵の黨《とう》、同《とも》に太宗を害せんと謀りし者、數百千人。事寧き後引きて左右近侍に居く。心術豁然《かつぜん》として、疑阻すること有らず。『貞観政要・上 政體』100p

息隠は李世民の兄の建成、海陵は弟の元吉で、日に日に高まる世民の名声に、跡取りの地位を奪われることを危惧し、兄弟で謀って世民を殺害しようとします。それに先手を打ち、玄武門で返り討ちにしたのが「玄武門の変」という事件です。魏徴や王珪らは元々世民の部下ではなく、建成や元吉に仕えていました。ここで重要なのは、側仕えのみならず王府に仕えていた者たちも事変後、丸まる召し抱えた点にあります。かつて敵対関係にあった者を徹底的に排除するのは中国に限った話ではありませんが、そういった立場の者まで味方に引き入れるには、指導者自身の器が試されます。この部分は、**とにかく過去を問わず登用することが重要だと言ったものではなく、かつての敵もついてきてくれるくらいの器を持つことの重要性を言ったものになります。**その器となるためには、身を修める以外に方法はありません。昨日の敵は今日の友と言いますが、利害で結ばれた関係は、脆く崩れやすいものです。信頼によって立つ関係が大切であることは、言うまでもありません。事例を紹介しておきます。

・**廉頗**

古代中国、趙の宿将・廉頗《れんぱ》と、大臣に相当する上卿にまで出世した藺相如《りんしょうじょ》は、互いのためならば首を刎《は》ねられても後悔しないという契りを結びました。今日でも「刎頸《ふんけい》の交わり」と呼ばれる、たいへん強固な信頼関係を指すことわざの出典です。

廉頗が一度罷免された際に、集まっていた人々はあっという間に顔も見せなくなったことがありました。再び任命されると、人々も再び集まってきましたが、廉頗は不快に思い追い払います。ある人がそれを見て「権勢がよければ寄り、失えば去っていく。人とはそういうものだよ」と言った時、廉頗は「それは『市道の交わり』というものだ」と答えました。

利害で結ばれる関係がいかに脆く、信頼で結ばれる関係がいかに強いものか……それを教えてくれるお話です。これは『史記十三　列伝　六』廉頗藺相如伝に見ることができます。

・徳川家康

「われ、素知らぬ体をし、よく使いしかば、みな股肱となり、勇功をあらわしたり」

（『その時歴史が動いた　20』177p

今まで敵だった北条氏の家臣たちを次々に召し抱えた時の言葉ですが、北条氏に限らず、再三苦しめられた武田氏についてもそうです。後の御三家の一角となる水戸徳川家の基礎を築き上げることに、大いに貢献したのは、かつて敵対していた武田家の家臣でした。「みな股肱《ここう》となり、勇功をあらわした」のです。このお話は、「徳川家康　三方ヶ原の大ばくち」でも見ることができます。

任賢篇

・三鏡――治世の道を映し出す、指導者が携えるべき三つの鏡

夫れ銅を以て鏡と為せば、以て衣冠を正す可し。古《いにしへ》を以て鏡と為せば、以て興替を知る可し。人を以て鏡と為せば、以て得失を明かにす可し。朕常に此の三鏡を保ち、以て己が過を防ぐ。

『貞観政要・上　任賢』119p

服装の乱れは心の乱れ――衣冠を正す、銅の鏡

これは人の上に立つ者が心得るべき、「君道」を教えたものです。物理的な鏡は一つだけで、残り二つは無形のものになります。それぞれ、服装や髪といった外見を映し出す「物理的鏡」・歴代王朝の興りや滅亡、成功と失敗を教える「歴史」・自身の問題や悪い点をハッキリ教えてくれる「人」を言います。

衣冠を正すことの何が重要なのか――だらしない服装にボサボサの髪、さらに無精ひげまで生やしたようなリーダーに、「この人についていきたい」と思う人はいないでしょう。世に「服装の乱れは心の乱れ」と言うように、外見が乱れている人は内面まで乱れているものです。簡単に整えられる服装すら満足にできないような人間が、努力を要する内面的修養ができているということはありません。人を指揮する立場にある人ほど、「衣冠を正す」ことの重要性は増すこと、ご理解いただけるかと思います。『主査　中村健也』より、

一つ紹介しておきます。クラウン開発の総責任者・中村健也の身だしなみについてです。

菜っ葉服というと、すぐに汚らしいよれよれの感じのを想像しがちだが、非常に清潔で感じのよい菜っ葉服、襟なんかもアイロンが掛かっていて形もきちっとしていたから、おそらく二日か三日でクリーニングしている。ノータイで、上等のワイシャツは毎日替えられている。服装には無頓着なようで気を使っておられた。

（『主査　中村健也』）227p

成否の原因を追究し、将来への指針を示す、歴史の鏡

引用文中の「古」は歴史、「興替」は王朝の移り変わりを意味します。額面どおりにとってしまうと、「歴史を見れば王朝の移り変わりが分かる」となりますが、ここはその結果と原因を追究することを教えたものです。

・なぜ王朝が衰退したのか？
・なぜ次の王朝は革命を成功させることができたのか？

等、民衆に見限られてしまうことに至った経緯、また優れた治世を行った君主の考え方・言動といったものを分析・活用することで、前車の覆轍を踏むことなく良き治世の道を開くことができるのです。このことを、古きを温めて新しきを知る——「温故知新」とも言います。高橋是清がこれに関することを述べていますので、紹介します。

若し教育を受けた者が唯學問をしたと云ふ丈を以て満足したならば其人の學問は到底先輩が遺した図書には及ばないのです。只修めた學問を實際に應用する事に努力してこそ、始めて教育の効果が現はれるのであります。

（『随想録』）463p

歴史という鏡に映し出されたものをしっかり活用しなければ、鏡もただの置物になってしまいます。その際、**名聞利養のための学問とならないよう注意する必要があります。**誰のためでもない、自分のため——ゆめゆめ間違えてはなりません。

己の言動・過ちを映し出す、人の鏡

『貞観政要』の中に「求諫」という篇があることからも、最も大切なのはこの「人」の鏡と言えましょう。太宗は魏徴や王珪ら側近たちの諫言をよく聞き入れることで、道理に合わないことをやめたり、欲を制したりすることで「貞観の治」と呼ばれる治世を実現させました。34pの「兼聴」のところでも述べていますので、そちらも併せてご覧ください。

以下は『貞観政要』より、臣下が意見を言い易くなるようにしていた、太宗の努力の一つです。

太宗、威容嚴肅にして、百寮の進見する者、皆、其の擧措《きょそ》を失ふ。太宗、其の此《か》の若《ごと》くなるを知り、人の事を奏するを見る毎《ごと》に、必ず顔色を假借《かしゃく》し、諫諍を聞き、政教の得失を知らんことを冀《こいねが》ふ。

『貞観政要・上 求諫』141～142p

太宗はその容貌に威厳があり過ぎたため、御前にて臣下が奏上する際に落ち着きがなくなり、しどろもどろになることが多かったようです。それを受けて、できるだけ顔つきを柔らかくして意見を述べやすいように努めていたこと、諫言を求める姿勢が窺えます。いかにも不機嫌そうな顔や仏頂面では、意見を求めるのも一苦労でしょう。もう一つ、聞き入れた諫言の事例を『貞観政要』より紹介します。

貞観四年、太宗が洛陽宮の乾元殿を修理し、地方巡幸の準備をしようとした時のことです。給事中の張玄素が上書し、

・すぐに巡幸するわけでもなく、不要不急であること。
・財政に余裕がないこと。
・民衆を過度に使役することになり、民が乱れてしまうこと。

等を挙げて諫めました（上書自体はかなり長文）。太宗は**それが理にかなっていること、**

また低い身分にも拘わらず直言してはばからなかったことを評価し、聞き入れたうえで絹五百匹を下賜しました。

『貞観政要・上 納諫』163〜170p

以上が、三つの鏡です。人の上に立たずとも、日常この三鏡を携えて行動すれば、誤ることはないと言えます。この「三鏡」は、指導者に求められる資質が凝縮されたものとなっています。『貞観政要』の内容はこれに集約されていること、納得いくまで学問がすすめば一流のリーダーと言えましょう。

求諫篇

・正負の連鎖――明君はより明に、暗君はより暗に

明主は短を思ひて益々善に、暗主は短を護りて永く愚なり。

『貞観政要・上 求諫』145p

内容としては、これもまた34pで述べた「兼聴」に関連するものになります。そこでは明君と暗君を分けるものは「よく話を聞くか否か」であると教えられますが、なぜそれぞれ連鎖していくのでしょうか。

明君は己の短所を憂い、改善しようと人の諫言や進言・助言といったものをよく「**兼聴**」します。それを聞き入れて努力することを怠らないので、ますます良き指導者として成長していきます。ところが暗君は、自身の短所や問題点を隠し、特定の人の言葉にしか「**偏信**」――耳を傾けません。このために、短所を補うどころかますます暗愚となっていくのです。世に「人間言われるうちが華」と言いますが、誰からも何も言ってもらえなくなった時というのは、見限られた・見捨てられた時です。そうなってしまっては、深みに沈みゆくばかりで再起を図るのは困難を極めることでしょう。指導者ほど、正の連鎖を目指して身を修めていくことが求められます。『貞観政要』より事例を見ておきましょう。

郵　便　は　が　き

料金受取人払郵便

新宿局承認

7553

差出有効期間
2024年1月
31日まで
(切手不要)

1 6 0-8 7 9 1

141

東京都新宿区新宿1－10－1

(株)文芸社

愛読者カード係 行

ふりがな お名前		明治　大正 昭和　平成　年生		
ふりがな ご住所	□□□-□□□□			性別 男・
お電話 番　号	(書籍ご注文の際に必要です)	ご職業		
E-mail				
ご購読雑誌(複数可)		ご購読新聞		

最近読んでおもしろかった本や今後、とりあげてほしいテーマをお教えください。

ご自分の研究成果や経験、お考え等を出版してみたいというお気持ちはありますか。

ある　　ない　　内容・テーマ(

現在完成した作品をお持ちですか。

ある　　ない　　ジャンル・原稿量(

名				
買上店	都道府県	市区郡	書店名	書店
			ご購入日	年　月　日

書をどこでお知りになりましたか?
.書店店頭　2.知人にすすめられて　3.インターネット(サイト名　)
.DMハガキ　5.広告、記事を見て(新聞、雑誌名　)

の質問に関連して、ご購入の決め手となったのは?
.タイトル　2.著者　3.内容　4.カバーデザイン　5.帯
の他ご自由にお書きください。
(　)

書についてのご意見、ご感想をお聞かせください。
内容について

カバー、タイトル、帯について

弊社Webサイトからもご意見、ご感想をお寄せいただけます。

力ありがとうございました。
寄せいただいたご意見、ご感想は新聞広告等で匿名にて使わせていただくことがあります。
客様の個人情報は、小社からの連絡のみに使用します。社外に提供することは一切ありません。

籍のご注文は、お近くの書店または、ブックサービス(0120-29-9625)、
ブンネットショッピング(http://7net.omni7.jp/)にお申し込み下さい。

散騎常侍劉洎《りゅうき》對へて曰く、陛下、公卿と事を論じ、及び上書する者有る毎に、其の旨に稱《かな》はざるを以て、或は面のあたり詰難を加ふ。慚《は》ぢ退かざるは無し。恐らくは、直言を誘進するの道に非ざらん、と。太宗曰く、朕も亦此の問難有りしを悔ゆ。卿が言是なり。當に卿の爲めに之を改むべし、と。

『貞観政要・下 論悔過』521p

これは貞観十八年に、太宗が臣下に対して、自身の過失について直言を求めた言葉に対する、劉洎の言葉になります。ここで劉洎は、

・上書内容が太宗の意に沿わない時、陛下は公然と上書の欠点を咎めること。

・せっかく意見を述べたのに、咎められた方からすればいい面の皮であること。

・このようなことは、かえって直言を遠ざけてしまうこと。

と堂々直言し、太宗は喜んでこの諫言を受け入れ反省したのです。貞観十八年といえば治世も後半になっており、凡人であれば慣れて緊張することもなくなり、気が緩み切っているような時――いわゆる「治に居て亂を忘れ」ているような頃合いになっていることでしょう。十八年間皇帝として君臨し続けてなお初心を忘れず、積極的に意見を求め、聞き入れ反省する……中国史上最高の名君と賞賛される所以です。

・感情に任せて行動しない——節度を持つこと

古より帝王、多くは情に任せて喜怒し、喜べば則ち濫《みだり》に功無きを賞し、怒れば則ち濫に罪無きを殺す。是を以て天下の喪亂、此に由らざるは莫し。

『貞観政要・上　求諫』151p

感情やその時の気分に任せて行動する上司は、古今変わらぬ悪しきお手本です。なぜ理性や冷静さといったものが必要となるのか……その答えとなる文言になります。

古代より、その器にない暗愚な皇帝の多くは、感情の赴くままに喜んだり怒ったりしてきました。気分が良ければ、何の功績もない者であってもやたら評価し、気に障れば罪無くとも殺して反省することもない。天下国家が衰退し乱れるのに、これに由らないことはないと教えられます。誉められたことではありませんが、そのような上司は、どこに行っても珍しいとは言えない存在でありましょう。適切な信賞必罰が行われることがなければ、組織に所属する人員——優秀であればあるほど——は、当然の帰結として、やる気をなくします。**ゴマすりを得意とし、弁舌を巧みとする——そのような指導者の耳目を塞ぐものばかり集まってくるがゆえに、ますます暗君となり、組織は衰乱していく**のです。これが、指導者には常に理性や冷静さが要求される理由になります。具体的な事例を、『プロジェクトX』から紹介します。

『プロジェクトX　挑戦者たち　四』

五郎が若くしてボーシンに抜擢された最大の理由は、おそらくその落ち着きにあった。

（『プロジェクトX　挑戦者たち　四』）142p

若い職人を数人率い、一つの部署を受け持つ若手リーダー、棒心。頭に血が上りやすい、常に危険を伴う高所での作業では、冷静さが重要になります。常に落ち着いていた桐生五郎は、建設中の東京タワー最上部の組み立てを任されていました。

『プロジェクトX　挑戦者たち　十』

リーダーとしての山内は、どんな苦しい事態になっても決して怒鳴らない、穏やかな人として（以下省略）

（『プロジェクトX　挑戦者たち　十』）215p

カフジ油田開発の総指揮を執った山内肇についての評価です。山内の元、一丸となったチームは、一般に油田を掘り当てる確率百分の三――を一発必中で突破し、カフジ油田開発を成し遂げました。

もう一例、鈴木貫太郎の「奉公十則」にもありますので、『鈴木貫太郎』から見ておきましょう。

常に心を静謐《せいひつ》に保ち危急に鑑みてはなほ沈着なる態度を維持するに注意すべし

（小堀桂一郎・著『鈴木貫太郎』）144p

鈴木貫太郎は旧帝国海軍の軍人で、第二次世界大戦の時、内閣総理大臣として我が国を終結まで導きました。鈴木が自らの教えを実践し、範を示した事例があります。

巡洋艦「宗谷」の艦長時代、練習艦隊が上海で休養を取っている時、巡洋艦「千歳」と「宗谷」が衝突寸前になった事件がありました。航海長から当直将校、候補生に至るまで鈴木の顔から眼を離さない中、冷静沈着を保って大事故を回避したのです。当該部分を見ておきましょう。

鈴木は意識して泰然たる態度で危機に對處《たいしょ》し、その後で候補生達を集めて、衝突回避のための操艦方法を詳しく説明して聞かせた。

（前掲書）145p

この後、洋上曳船《えいせん》訓練中にも三万トン級の戦艦「長門」と「陸奥」が衝突する事故がありましたが、その時もこの教えを実践し、軽度の損傷に止めたこともありました。慌てたり冷静さを欠いたりするのは人の常でありますが、非常事態ほど、指導者はそれらの感情を表に出してはならぬことがよく分かるかと思います。

・中庸の徳……過不足いずれにも偏らない、指導者の道

では、まったく感情を表に出さないのが正義かと言いますと、そういうことでもありません。人間味が感じられず、機械のような印象を与えてしまうのはかえって逆効果です。喜ぶべきことは、皆で分かち合えば良いでしょう。そこで、『貞観政要』の以下の文言が大いに助けとなってくれます。

嗜欲喜怒の情は、賢愚皆同じ。**賢者は能く之を節して、度に過ぎしめず。愚者は之を縦《ほしいまま》にして、多く所を失ふに至る。**

『貞観政要・下　論慎終』815p

好むものを求める欲や喜怒哀楽といった感情は、賢者であろうと愚者であろうと等しくもっているもの。節度を持って制すれば賢者に、やりたい放題をすれば愚者となり、その結果として多くのものを失うことになる——優れた人物だから欲が少なく、感情も少ないということではないわけです。欲も感情も平等ですが、それらを**制しているか勝手気ままにしているか**、これが賢愚を分けるものになります。過剰も不足も同じことで、いずれも戒めたものが、『論語』先進の以下の文言です。

過ぎたるは猶ほ及ばざるがごとしと。

（『論語』先進）243p

弟子の子貢《しこう》が兄弟弟子の優劣を尋ねた際の、孔子の返答です。広く人口に膾炙《かいしゃ》する、有名な言葉になります。過不足ないことが肝ですが、この「**過不足がない**」ことを「**中庸**」と言います。『論語』雍也より、以下が該当文言です。

中庸の徳爲るや、其れ至れるかな。

（『論語』雍也）147p

大切なのは「程度」。上に立つ者が下に及ぼす影響は大なるものがあります。狂喜乱舞するようなことがあれば下の者も分別がなくなり、威圧的言動も度が過ぎれば、下の者たちも自ずと横柄な態度を取る——そのような結果を招きます。**感情にせよ行動にせよ、程**

度を弁《わきま》える。この「中庸」の道を心掛ける努力が大切です。いくつか事例を紹介します。

『プロジェクトX　挑戦者たち　一』

神風が吹いたときも高野は嬉しそうにはしていたが特に狂喜乱舞するようなこともなく、淡々としていたという。

（『プロジェクトX　挑戦者たち　一』）111p

現在は知らない世代もいるようになった、VTR（ビデオテープレコーダー）。この回は、日本ビクター（現・JVCケンウッド）でVTR事業部を率いた高野鎮雄を主役とする物語です。引用部分は、オイルショックを契機に九〇〇〇台の在庫が一気に売れ、本社への三十億を超える借金を完済した時のことになります。

『プロジェクトX　挑戦者たち　十二』

不安を仲間に及ぼしてはいけない。だから、朝になると平気そうな顔をしていました。

（『プロジェクトX　挑戦者たち　十二』）201p

ドーバー海峡トンネルの掘削を開始して間もなくぶつかった、グレーチョーク層と呼ばれる難関地層。掘削がまともに進まなくなった時の、若手設計技師のリーダー・宇賀克夫の言葉です。このプロジェクトは、パリ―ロンドンを結ぶ英仏海峡線開通を成し遂げました。

苦しい時や落ち込んだ時等――表に出さずに溜め込む一方では、心身共に疲弊してしまいます。それを**打ち明けたり相談できたりするような相手をもつ**。そのような対策も重要です。

君臣鑑戒《かんかい》篇

・君子と小人を分けるもの——知恩報恩

君子は乃ち能く徳を懐ひ、小人は恩を荷ふこと能はず。玄感・化及の徒は、竝《ならび》に小人なり。古人、君子を貴びて小人を賤しむ所以なり、と。『貞観政要・上 君臣鑒戒』195p

（大意）君子の器をもつ人は、人から受けた恩を忘れることなく報いようとするが、小人はそれができない。楊玄感や宇文化及は小人ゆえ、受けた恩を忘れ仇で返したのです。これが、古人が君子を貴び小人を賤しんだ所以です——

我々は自分一人で生きているわけではなく、またそれは不可能です。人や動植物など、たくさんの存在のおかげで生きているのですから、日々感謝の気持ちをもつことは大切なことであり、また当然のことです。ここでは特に人に焦点を当てて、受けた恩を忘れず、報いることの重要性を教えています。

楊玄感は隋の功臣・楊素の子。高い地位につけられていましたが、謀反を起こし敗死した人物になります。宇文化及は隋の功臣・宇文述の子で、やはり高位につけられていましたが、隋末、煬帝を弑《しい》した人物です。

小人と言われる人は大抵の場合、謙虚さも持ち合わせていません。おかげさまで、という謙虚さの欠片もないところから、当然周囲への感謝もすることがありません。感謝することがなければ、恩に報いようという心もまた起きるはずがありません。**小人とは、人格の修練がまともに成されていないがために、軽蔑の対象となる**のです。個人であれば、見限られて孤立する程度で済むことがあっても、指導者は組織全体に影響を及ぼすため、同じようにはいきません。基本的に、謙虚さを身に付けていれば自ずと感謝・知恩は付随しています。それでは、受けた恩を忘れることなく報いた事例を紹介しましょう。

『その時歴史が動いた　29』

天下を制した家康は、生涯最大の危機、伊賀越えの時に受けた恩を忘れていなかった。
（『その時歴史が動いた　29』）151p

本能寺の変後、四方八方敵に囲まれ人生最大の危機にあった家康。その際助けてくれた伊賀の土豪たちの恩や、伊賀柘植《つげ》の徳永寺から施された、たった一杯のお茶という恩を忘れることはありませんでした。彼らを臣下として召し抱え、天下人となってからは、約束していた土地を寄進して報いたのです。苦労したり、危機的状況にあったりした時に受けた恩は、出世したり安定したりすると記憶から消えてしまいがちですが、**家康は些細な恩も忘れず、約束も間違いなく守る男だったからこそ、新たな世を開くことができた**のです。

次に、悪い事例を見ていきましょう。

『その時歴史が動いた 29』

> 黒田官兵衛は秀吉に尽くしても尽くしても、それにふさわしい扱いを受けず、褒美や恩賞がもらえない。のみならず、彼のあまりの才能の高さゆえに秀吉から疎まれもした。
>
> （前掲書）188p

> 秀吉の天下人となるための最終局面で、ふたたび呼び出された黒田官兵衛は、そこで大いに働いて、見事秀吉を天下人につけさせた。しかし驚いたことに、この時もまた、黒田官兵衛は秀吉からなんの恩賞ももらわなかった。
>
> （前掲書）195p

いかに危険と見なされる才能を持っているからとて、どこまでも尽くしてくれた部下に対し、このような仕打ちは論外です。志半ばで倒れた織田信長は別にして、同じ天下人でありながら滅亡することになった豊臣秀吉と、一時代を開いた徳川家康。命運を分けたものの一つは、「**教養を身に付けていたか否か**」と言えましょう。

また、受けた恩は忘れず、施したことは忘れるようにする、という教えが仏教にあります。施した際には、「いつ」「誰に」「何を」の三点を忘れるよう心掛けるべし、と言われます。これはすぐにでも実践していけるものになりますので、是非実践していきましょう。

論擇官篇

・人選は、数より質――最良は、才徳兼備

孔子曰く、官事、必ずしも攝《せっ》せず、焉《いずく》んぞ儉《けん》と稱《しょう》するを得ん、と。若し其の善なる者を得ば、少しと雖も亦足らん。其の不善なる者は、縦ひ多きも亦何をか爲さん。

『貞観政要・上 論擇官』196p

これは誰もが分かってはいるものの、実践できていない典型の一つと言えるかと思います。人選の際に何を重んじるべきかについて、後の部分で魏徴が述べていますので、そこで取り上げます。優秀な人材を選べば良いとは、わざわざ述べずとも誰もが理解するところでしょう。指導者が為すべきは、その人材に選んでもらえるための組織・環境作りです。そのコツは、ここまでのところでも述べたとおり、上に立つ者たちが「身を修める」ことになります。リーダーが内面的に修練されているならば、自ずと組織全体もよく治まり、来てほしい人の目にも留まるようになるのです。面接という場は、企業が応募してきた人を見る場ではなく、応募してきた人に「勤める価値があるのか」を見られている場であること、採用担当は理解しなければなりません。ここの文言は、数は少なくとも優れた人を採用すべきことと、兼任可能な職務は兼任すべきであることの二点についてのものになります。特に述べることはないのですが、「兼任」について少々補足しておきたいと思いま

す。

この「兼任」すべきというのは、下位者の話であって上位者のそれではありません。基本的に位の高い者が他の高位を兼任して成功したことは例外の範疇になります。我が国でも太平洋戦争の時にそれが行われたことがありました。

一九四一年、東条英機は現役陸軍大将のまま内閣総理大臣になり、敗色濃厚になってくると陸軍大臣に参謀総長まで兼任。海軍大臣・嶋田繁太郎もこれに倣い、海軍大臣に軍令部総長を兼任。職責を果たすことなどできるはずもなく、サイパン島陥落の責任を取る形で間もなく東条内閣は崩壊することになります。嶋田繁太郎に関しては井上成美が「兼務できるようなものではないのに兼ねるのは、自分の能力を弁えない愚者のすること」と手厳しく批判していますが、これは下位者にも言えることでしょう。「兼任」は職責を果たすことが可能であることが大前提です。「己をよく知り」、不可能な兼任はしないことが大切になります。

・人材を見抜き、使えているか？　――理想は野に遺賢なし

前代の明王、人を使ふこと器の如くす。才を異代に借らずして、皆、士を當時に取る。豈に傅説《ふえつ》を夢み、呂尚《りょしょう》に逢ふを待ちて、然る後に政を爲さんや。何の代か賢無からん。

但々遺して知らざるを患ふるのみ、と。

『貞観政要・上　論擇官』199〜200p

（大意）かつての明王たちは、**人をその器量・才能に応じて使っていた。その時代から採用していたのである。**別の時代から賢者を借りてきたのではなく、どうして傅説や呂尚といった、奇跡とも呼べる賢者を待ってから政治に取り組むことがあろうか。**賢者がいなかった時代があっただろうか、ただ表に出ずに知ることがないということを心配するだけだ**

人材がいないと嘆く声はどこからでも聞こえてきますが、ないのは人材ではなく「人を見る目」であり、「育てる力」であり、「能力を発揮させる腕前」です。

傅説は古代中国・殷の土木工事の作業員から宰相に登り、呂尚（太公望）は周の文王の時の名宰相です。彼らのような優れた人が来るのをただ待つだけで、探そうともせず育てようともしない、挙句人材がいないという始末では、人の上に立つ資格も能力もありません。探す努力・来てもらえる努力・育てる努力、これらの努力を惜しむようではいつまでも「人材がいない」と嘆くだけになること、よくよく理解しなければなりません。

いま一つ、太宗の言葉を紹介しておきます。

明君は傍《あまね》く俊乂《しゅんがい》を求め、博く英才を訪ひ、仄陋《そくろう》を捜揚す。卑を以て用ひずんばあらず、辱を以て尊ばずんばあらず。

（中略）

舟航の海を絶《わた》るや、必ず橈檝《じょうしゅう》の功に仮り、鴻鵠の雲を凌ぐや、必ず羽翮《うかく》の用に因り、帝王の國を治むるや、必ず匡弼《きょうひつ》の資に籍《か》る。故に之を求めて斯《ここ》に労し、之に任ずれば則ち逸《やす》し。

（坂田新・著『帝範　帝王学の中の帝王学』）129p

前半部分の、「俊乂」は賢者、「仄陋」は微賤、「捜揚」は探し求め登用することを意味します。明君は広く天下の賢才を求め、身分が高い、あるいは低くとも躊躇してはならないことを言ったものです。

後半部分の、「橈檝」は舟を漕ぐオール、「羽翮」は鳥の羽翼、「匡弼」は助け補佐することを意味します。舟を漕ぎ出すには必ずオールがなければならず、大鳥が羽ばたくには翼がなければならず、**同様に帝王が国家を治める際にも、助け補佐してくれる臣下がいなければならない**ことを言ったものです。賢者の獲得に骨を折り、登用することができれば、安定が約束されることになります。難しい表現ですが、組織を引っ張っていくには人材――良き臣下が不可欠であることを強調しているものになりますので、しっかりおさえておきたいところです。

これに関して、『十八史略』より漢の高祖にも教えてもらいましょう。

夫れ籌《はかりごと》を帷幄《いあく》の中に運《めぐ》らし、勝つことを千里の外《ほか》に決するは、吾、子房に如かず。國家を塡め、百姓を撫し、餽餉《きしょう》を給し、粮道を絶たざるは、吾、蕭何に如かず。百萬の衆を連ね、戦へば必ず勝ち、攻むれば必ず取るは、吾、韓信に如かず。此の三人は、皆人傑なり。吾、能く之を用ふ。此れ吾が天下を取りし所以なり。項羽は一の范増有れども、用ふること能はず。此れ其の我が禽と爲れし所以なり。

（『十八史略　上』）220p

天下統一後、高祖・劉邦は居並ぶ臣下を前に、項羽と勝敗を分けたものは何か問います。的を射た答えは返ってこなかったため、自ら言及したのが先の言葉です。ここで劉邦は、

・戦略全般にかけては張良《ちょうりょう》（字は子房）に及ばない。
・内政全般にかけては蕭何に及ばない。
・軍事全般にかけては韓信に及ばない。

と述べ、自身はこの傑物を使いこなしたことが勝因であると高らかに話しました。その一方で、項羽は范増一人使いこなせなかったことが敗因であるとも述べています。適材を適所に配置して腕を振るえるように采配する——これが、リーダーに求められる能力であ

り成功の秘訣でもあるのです。
この劉邦の話を引き合いに出し、我が国の海運自主権確立に尽力した三菱創業者・岩崎彌太郎の言葉も紹介しておきます。

然れども君、漢の高祖を見ずや、彼は一木強漢に過ぎずして、その周囲に蕭何なく張良なく陳平なくんば戦さもできず、財政も處理する能はず。彼は唯よく人才を統御して始めてかの如き大業をなし得たるのみ。（中略）これらの人物を用ゐてその事に當らしめば、海運の事決してなし難きにあらず。

（岩崎彌太郎・岩崎彌之助傳記編纂会・編『岩崎彌太郎傳　下巻』）130～131p

前島密に、海運の経験がお互いにないことへの懸念を伝えられた時の返答になります。英雄豪傑の話を好み、『資治通鑑』を特に好んで読んでいた彌太郎です。一通りの歴史はしっかり頭に入っていたことが窺える場面でもあります。ここでは、

・外国人にも日本人にも経験がある者はいる。
・そのような者たちを結集してよく用いれば、未経験あるいは詳しくなくとも難しいことはない。
・自分のことは、かつて傑物をよく用い天下を取った、漢の高祖だと思ってほしい。

と述べ、前島密の懸念を吹き飛ばしました。彌太郎はこの言葉どおり、多くの人材をよく統率していき、外国汽船の日本沿岸からの排除を完遂し、海運自主権確立に大きく貢献したのです。

人を使う際に重要なことはまだあります。「信任」、信じて任せることです。信用していないならばそもそも任せてはなりませんし、任せる以上は口を出してもいけません。このことを『貞観政要』からも見ておきましょう。

之に任ずること重しと雖も、之を信ずること未だ篤からず。之を信ずること篤からざれば、則ち人或は自ら疑ふ。

『貞観政要・下 論禮樂』595p

全幅の信頼に、相手は必ず応えてくれることでしょう。それでは、いかほどの信用かと言いますと……例えば『貞観政要』に次のようなことが載っています。

徴は本、吾の讎《あだ》なり。正に事ふる所に忠なるを以て、遂に抜きて之を用ふ。何ぞ乃ち妄《みだ》りに譏構《ざんこう》を生ずるや、と。竟《つい》に徴を問はず、遽《にわか》に告ぐる所の者を斬る。

『貞観政要・下 杜讒佞』506p

太宗の側近・魏徴が秘書官になった時のことです。魏徴が謀反を起こしたと讒言《ざんげん》する者があったのですが、それに対する太宗の言葉が右のものになります。かつての主君に忠義を尽くしたからこそ抜擢しているというのに、なぜやたら讒言を為すのか、と調査もすることなく訴え出た者を斬り捨てさせました。魏徴は古参の臣下でないにも拘わらず、比類なき信頼を太宗から得ていたためか、妬まれ讒言されることが多かったのです。たびたび謀反や汚職の訴えがなされ、太宗も調査に乗り出したこともありましたが、その信頼が揺らいだことはありません。それゆえ、この一件のように疑いもせず、魏徴もまたその信用に真っ向から応えたというわけです。貞観十年にも、古参の臣下で魏徴の重用を羨み、誹る者がありました。その時、太宗は、

・今日の太平の世は、徳治を主張した魏徴・王珪の力によるものであること。
・だからこそ自分もその言葉を聞き入れ従っているのであり、私的な感情によって重用しているのではないこと。

と述べ、訴え出た者を叱りつけて追い出しました。これらのことは、同じことを三人に言われてぐらつくような、底の知れた信頼では、人は応えてくれないことを教えるものです。いま一つ、『主査　中村健也』からも見ておきましょう。

中村主査は「すべて森友君に指示してあるから、私の留守中は主査の代行をさせる」

と役員の稲川さんに言われた。

（『主査　中村健也』）192p

「やってみせ　言って聞かせて　させてみて　誉めてやらねば　人は動かじ」と言葉を残した著名人もいます。信頼して任せることの重要性、明らかでありましょう。

・人選の基準——才能か人格か

人を知るの事は、古より難しと爲す。故に績を考へて黜陟《ちゅっちょく》し、其の善悪を察す。今、人を求めんと欲せば、必ず須く審《つまび》らかに其の行を訪《と》ふべし。若し其の善を知りて然る後に之を用ひば、縦《たと》ひ此の人をして事を濟《な》す能はざらしむとも、只だ是れ才力の及ばざるにて、大害を爲さざらん。誤りて悪人を用ひば、縦《も》し強幹ならしめば、患を爲すこと極めて多からん。

『貞観政要・上　論擇官』205p

人材に関連する内容が続きますが、これは人選の基準になります。基本的に能力だけ見るところが大勢かと思いますが、責任者を決める際には能力以上に大事なことがある——それを教えた文言です。

「黜」は降格・退けるの意で、「陟」は格上げ・昇進の意になります。「績を考へて黜陟し」で、功績を鑑み、功績なければ降格または退け、あらば昇進させるの意味です。

多勢の応募があれば、一人一人普段の行いまで見るのは現実問題として不可能でしょう。能力に重きを置きたいのは理解でき、またある程度はやむを得ないことです。しかし、**人の上に立つ責任者や管理職となると話は別**です。誰をその職に充てるかという問題に関して、手間暇を惜しんではなりません。

その基準が、本文にあります「其の行」――日常的な言動です。それを観察して徳や人格といった要素をはかります。能力と徳、それぞれの有無に関して二通りあり、それが重視する理由です。

・能力に劣るが人望ある人格者。

この場合は責任者に向いています。その理由は本文中の「縦ひ此の人をして事を済す能はざらしむとも、只だ是れ才力の及ばざるにて、大害を爲さざらん」のためです。仕事が完遂できなかったところで、能力が足りなかったということだけで話は終わります。大きな損害は出ることはありません。

・能力は大きいが徳は持ち合わせていない。

一方でこちらは責任者に向きません。「縦し強幹ならしめば、患を爲すこと極めて多からん」がその理由になります。能力が大きいばかりに、その能力や経験を悪事に向け始めたならば、甚大な被害が発生します。責任者に限りませんが、せっかくの技術や経験を、例えば会社のサーバーをハッキングして情報を盗み取る等、犯罪に使って逮捕されるような話はめずらしくありません。能力や経験だけあっても徳がない者を登用した時の、典型的な損害です。

知恵は人が集まれば補うことができますが、徳はそれができません。このゆえに、多少能力に劣っても仁徳を備えている者こそ、優先すべき人材と言えます。あくまでも比重を徳に置くということであり、能力を度外視するということではありません。**人を知る・見るのは困難なこと、それが要求されるから人事は「会社の顔」となるのです。**人事に携わるならば、かつて名馬を見抜いた伯楽たらねばなりません。魏徴のこの金言を忘れることがないようにしたいところです。

この先の「論公平」において、官職を与えられなかった古株で、不満を述べる者がいた時のことが載っています。縁者や旧知が相手でも、能力がなければ官職を与えることがなかった太宗の姿勢はまこと見習うべきものがありますので、ここに紹介します。

人を用ふるには但だ堪《た》ふるや否やを問ふのみ。豈に新故を以て情を異にせんや。凡そ一面すら猶ほ且つ相親しむ、況んや舊《きゅう》人にして頓《にわか》に忘れんや。才若し堪へずんば、亦豈に舊人を以て先に用ひんや。今、其の能否を論ぜずして、直だ其の怨嗟《えんさ》を言ふは、豈に是れ至公の道ならんや、と。

『貞観政要・上　論公平』397〜398p

人を採用するには、ただ役に立つか否かだけが問題である。どうして新人と旧知とで気持ちが変わることがあろうか。一度の出会いでも親しくなるもの。まして古くからいる者を突然忘れるなどということがあろうか。職責を果たせないならば、古株だからとて先に登用することがあろうか。今、それを問題にせずに恨み言を並べるのは、果たして公平な道と言えるだろうか――

これに関する教えも見ておきましょう。

今、任用する所は、必ず須く徳行・學識を以て本と爲すべし、と。

『貞観政要・下　崇儒學』556p

私が、もし銀行なり會社なりの社員採用の試験委員であったなら、どんな人物を採るか。私は、學力などにはあまり重きを置かぬ。それよりも、常識の偏頗なく圓滿に發達したもの、人格の高く品性の高潔な人を、躊躇なく採用する。

（『随想録』）126p

・他薦の勧め――自薦の是非

人を知る者は智、自ら知る者は明なり。人を知ること既に以て難しと爲す。自ら知ること誠に亦易からず。且つ愚暗の人、皆、能に矜《ほこ》り善に伐《ほこ》る。恐らくは澆競《ぎょうきょう》の風を長ぜん。自ら擧げしむ可からず、と。

『貞観政要・上 論擇官』213p

（大意）自分自身であっても人であっても、能力・長短所・性格・考え方等々を知ることは簡単ではありません。愚かな者になると、自身の能力や器を過度に自慢します。人を押しのけて我先に争うような風潮を助長することになりましょう。ゆえに、自薦はすべきではありません――

入学試験や入社試験には自分を売り込んだり主張したりすることが求められますが、これは謙虚さを美徳の一つとする我が国の民族性に合うものではありません。単なる美徳で終わるものではなく、謙虚さを持つ者は自己を客観的に見ることができるというモノサシにもなります。口が上手な者ほど中身がなく、また己を過大評価しているのが常ですが、これらに言及する文言になります。人材の登用方法について太宗から尋ねられた際の、魏徴の言葉です。

小人は努力して己を磨くという茨の道を選択することなく、無い中身をいかにあるように見せるかという安易な選択をします。このために口ばかりうまくなり、中身は空のままという状況になるのです。登用する側も暗愚な場合、目につくのは言葉で飾り立てた小人になります。「美言は信ならず、信言は美ならず」と古語にあるように、飾り立てた言葉だから誠があるということはなく、誠の言葉は必ずしも美辞麗句とは限りません。斯かる似たような者が集まることになり、当然の帰結として、その組織は活力無きものとなってしまうのです。

実際に見定める際には、自身を客観的に評価できている者をしっかり見ることが大切になります。短所はできるだけ言わないよう指導する者がいますが、それは恐るべき誤りです。自身と相手を欺くことになり、信用を失います。長短所を臆することなく述べ、その上で長所を伸ばし短所をできるだけ補う努力をしている者は「己を知る」人材です。強調しておきますが、**「人は城　人は石垣　人は堀」という武田信玄の言葉どおりです。人に関する採用・育成に何かと理由をつけて手間暇をかけない組織に明るい未来はありません。**

補足として、長短所を踏まえることの重要性を言ったものを『戦国策』から見ておきましょう。齊の孟嘗君《もうしょうくん》が気に入らない食客を追い出そうとした時、戒めたものです。

猿・獼猴《びこう》も、木を錯《お》きて水に據《よ》らば、則ち魚・鼈《べつ》に若かず、険を歴《へ》危ふきに乗らば、則ち騏《き》・驥《き》も狐・狸に如かじ。（中略）物、其の長ずる所を舍《お》いて、其の短なる所を之《もち》ふれば、堯《ぎょう》も亦及ばざる所有らん。

（林秀一・著『戦国策　上』）452～453p

（大意）子猿や大猿と雖も、木を登らせるのではなく水で泳がせたならば、魚や亀にも及びませんし、険阻なところを走らせたならば、千里の名馬と雖も狐や狸に及びません。（中略）ものごとは、長所を差し置いて短所を用いるならば、古の聖天子の堯もかないますまい――

・六邪――見抜いて遠ざけるべき人物とは

貞観十四年に、魏徴が上申したものに六邪があります。元々漢の劉向が編纂した『説苑』という典籍にあるもので、悪しき臣下の型を言ったものになります。全文はそこそこ長いですが、指導者はよくよく念頭に置くべきものゆえに、ご自身でご覧になることをお勧めします。ここでは、六邪のうち二つと、その典型となった人物を取り上げます。

諛臣

主の言ふ所は、皆、善しと曰ひ、主の爲す所は、皆、可なりと曰ひ、隠して主の好む所を求めて之を進め、以て主の耳目を快くし、偸合苟容《とうごうこうよう》し、主と樂《たのしみ》を爲し、其の後害を顧みず。此の如き者は諛臣《ゆしん》なり。

『貞観政要・上　論擇官』220～221p

（大意）主君の言動をとにかく褒めて、好みを調べたうえでそれを進めて喜ばせ、やたらと迎合して共に楽しみ、後の害を気にもしない。これを諛臣という――

次に、その典型である事例を挙げます。

ボルマンは菜食主義の食事をヒトラーに勧めておきながら、あとで自分のヴィラに戻るとスモークソーセージをたらふく腹に詰め込んでいたからだ。

（H・エーベルレ・著　高木玲・訳『ヒトラー・コード』）122p

彼はヒトラーの好みをすべてほめちぎり、ヒトラーの規定食のエネルギー効果をほめていたが、自宅ではまったく別のものを好んで食べた。

（『ヒトラーの共犯者　下』）207p

ヒトラーが近くにいるときは決してタバコを口にくわえなかった。（中略）酒も好きで、ブランデーも少なからず飲んだが、ヒトラーからまだお呼びがかかりそうなときは、しらふでいた。

（『ヒトラーの共犯者　下』）210p

賊臣

権を専らにし勢《いきおい》を擅《ほしいまま》にし、以て輕重を爲し、私門、黨を成し、以て其の家を富まし、擅に主命を矮《た》め、以て自ら貴顕にす。此の如き者は賊臣なり。

『貞観政要・上　論擇官』221p

（大意）権勢を思うままに振りかざし、是非の基準を自分に合わせ、徒党を組んで財を成し、勝手に主君の命令を変えて己の地位を高める。これを賊臣という――

同じように、その典型である事例を取り上げます。

彼はヒトラー副官たちにも、自分の許可なくして党幹部をヒトラーに近づけないようにと求めた。

（『ヒトラー・コード』）302p

必要に応じて適当な「総統」の発言を保存カードから引きだし、ちょっとした陰謀を働かせて事態を彼にとって都合のよい方向にもっていき、順調に進めることができた。
（『ヒトラーの共犯者　下』）196p

訪問者リストを利用して、彼はヒトラーの外界との接触を管理した。
（前掲書）211p

引用文中の「彼」は、すべて以前にも取り上げました、ヒトラーの秘書長だったマルティン・ボルマンを指します。党を私物化し、否定的な評価しかされることがない悪臣です。いずれの場合も、思い当たるような存在が身近にあるのではないでしょうか。このような類型があと四つもあります。この六邪に教えられるような人物は媚び諂うため上位者には気に入られ、次第に大きな権限を持つようになります。例に挙げましたナチス上層部がそうですが、**自身の都合を基準にして面会を勝手に制限したり、情報を通さなかったり、また立場を脅かしかねない人物を誹謗中傷で以て遠ざけるよう仕向ける**など、**指導者の耳目を塞ぎ組織に異常を生じさせる**——リーダーはこのような者を側に置くべきではありません。全体のことを考えて排除し遠ざけるか否かは指導者次第。後にもたらす影響を鑑み、側に置く人物は選ぶ必要がありましょう。

論封建篇

・信賞必罰——功績には必ず報い、失敗には徳を以て報いる

國家の大事は、惟だ賞と罰とのみ。若し、賞、其の勞に當れば、功無き者自ら退く。罰、其の罪に當れば、惡を爲す者戒懼《かいく》す。則ち賞罰は輕々しく行ふ可からざるを知る。

『貞観政要・上 論封建』228p

（大意）賞罰は国家の大事である。実績を適切に評価すれば、功績がない者は自然と退いていき、適切に罰すれば悪事を成す者は恐れる。賞罰は軽々しく行ってはならない——

夫れ刑賞の本は、善を勸めて惡を懲らすに在り。

『貞観政要・下 論刑法』650p

（大意）賞罰の本質は、善を勧めて悪を懲らしめることにある——

功績と、そこに至るまでの努力に報いる。言うのは簡単ですが、行動するのは難しい典型です。これをいい加減にしてはならない理由が述べられます。

これは貞観元年の論功行賞の時の一件です。李世民の叔父にあたる淮安王神通が、最前線で命を張って建国に貢献した我々より、後方で文書ばかり作っていた者が手厚く報われ

るのは納得いかないと不満を述べました。それに対する太宗の返答が、先の言葉になります。太宗はこの後の部分で、漢の高祖は、前線に出たことがない蕭何《しょうか》を功臣第一に叙したことを引き合いに出し、何がより重要な功績と言えるのかを客観的に判断する必要性を述べます。

これは前項にも関わってくる内容です。適切な信賞必罰は、ごまかしが利かないことを知らしめるために功績無き者を退かせますが、実績もないのに賞を与えるようなことをすると、適切な賞罰とは逆の状態になり、不善の者が押しのけて我先にやってきます。真面目な人は見限って去ってしまい、残るのは小人のみとなり、組織の勢いは右肩下がりです。このゆえに、賞罰は「国家の大事」となります。

罪には罰を与える、とありますが、この「**罪**」とは犯罪・それに準じる行為・規則違反・迷惑行為といったことであり、**失敗を指すものではありません**。ここを誤ると、罰の乱用となり組織は治まりません。功労者には賞を、罪には罰を、そして失敗には徳を以て報いた事例をそれぞれ紹介しましょう。

功労者には賞を

信長は大切な情報をもたらした者を最も高く評価したのである。

（『その時歴史が動いた　6』）56p

織田信長が奇襲にて今川義元を討ち取った「桶狭間の戦い」。大将首をあげた者が一番手柄だった当時の常識を破り、信長は「今川義元が休憩中」という決定的情報をもたらした簗田出羽守《やなだでわのかみ》に、最大の恩賞を与えたのです。

失敗には徳を

たまたま下足番が履物の取扱いに不満足な點があつた、とて客から苦情を申込んできた。取調べたうえその下足番は二ヶ月間の減給に處せられた。

（星野小次郎・著『三越創始者　日比翁助』）124p

罪には罰を

個人としては心から氣の毒だと思つたが、斷乎として馘きつた。いわゆる涙を揮つて馬謖《ばしょく》を斬るの思いであつた。

（前掲書）126p

いずれは重役に、とたいへん目を掛けられていた人物が日比翁助の部下にいました。ところが看過し得ない規則違反をしたため、やむを得ず解雇という処置を、情に流されることなく行ったのです。

一番の功労者は誰になるのか……必ずしも最前線の現場とは限りません。無論、一番ではないからとて軽んじてもなりません。不当に差をつけては全体の士気に関わる問題ですので、手腕が試されるところです。

三越の日比翁助は、信賞必罰のお手本です。失敗を叱責するのは子どもでもできること。指導者に要求されるのは、**傷つけることなくやる気を引き出す配慮**になります。事例の件は、表向きには二か月減給という罰を与えて全体への戒めとし、裏から「下足番は大切な役回りであること」を諭して、与えた罰以上の補填を行うという配慮を見せました。これ以上の見本はないと言っても過言ではないでしょう。もう一つ、『貞観政要・下 論貧鄙』540~543pにかけて記されている事例を見ておきましょう。長いので要約すると、

濮《ぼく》州刺史の龐相壽《ほうそうじゅ》は悪評高かったため、解任されてしまう。そこで太宗の御前で古参の一人であると情に訴え、それに動かされた太宗は褒美を与えた上に再任しようとした。魏徴が進み出て、個人的な情愛で賞罰を決めるようなことがあれば、善に励む者はいなくなると諫言する。それを聞き入れた太宗は自ら龐相壽を諭して去らせた。

という一件がありました。公正な処断に、龐相壽は涙を流して去って行ったと書かれています。結果には原因がある……龐相壽にしても、解任には相応の理由があるもの。反省なくして、情に訴え再任されたところで、再び同じ失敗を繰り返すのは分かり切ったこと

です。公正明大――賞罰に私的なものを挟まないのは、信用されるための秘訣の一つです。次に、この話題に関連して『帝範』（貞観二十二年六四八年撰）から、太宗の言葉を見ていきましょう。

己れに適へども道に妨げあれば、祿を加へず、己れに逆らへども國に便あれば、刑を施さず。故に賞せらるる者は君を徳とせず。功の致す所なればなり。罰せらるる者は上を怨みず。罪の当る所なればなり。故に書に曰く、偏する無く、党する無く、王道蕩蕩《とうとう》たり、と。此れ賞罰の権なり。

（『帝範　帝王学の中の帝王学』）196p

（大意）指導者の意にかなっても、あるべき道に害をもたらすならば褒章を与えてはならない。指導者の意に添わずとも、国家国民の利益になるのであれば罰してはならない。私情に因ることなく賞罰が行われていれば、褒章は功績への対価となり、罰は罪への報いとなる。だから『書経』に「偏らず贔屓もなく、王道は大いなるものだ」という。これが、信賞必罰である――

「私情」ではなく「事実」と「過程」に基づき客観的に行う、これがその要諦となるのです。過不足のない中庸の姿勢は、ここでも大切なものになります。

罰に関して補足しますと、叱責が悪いわけではありません。子どもの教育にしてもそうですが、その後が重要です。信頼されるか否かを分けるのは、この表に見えないフォローになります。これに関して、一つ事例を紹介しましょう。

『プロジェクトX　挑戦者たち　五』

山口は叱ったあと、そのまま生徒を放っておくことはなかった。小畑のしごきのときのように、必ずそのあとに食事に誘った。

（『プロジェクトX　挑戦者たち　五』）264p

元ラグビー日本代表・山口良治。悪名を轟かせていた伏見工業高校に赴任、ツッパリ生徒と真っ向から向き合い、わずか一年でラグビーの強豪・花園高校を破るまでに育て上げました。山口の感化はラグビー部に留まらず、学校全体に及んだのです。

人を大事にする、とは何度も申し上げていますが、このようなことまで含めて誠に大事にしている、と言うことができるのです。ちょっとした配慮・声掛け、またその表現一つといったもので受ける印象はまったく変わってきます。ここはしっかり押さえておきたいところです。

・登用に立場なし――相応の能力があれば親族でも仇敵でも採るべし

初め高祖、宗正の籍を擧げ、弟姪《ていてつ》・再從・三從の孩童《がいどう》已上、王に封ぜらるる者數十人なり。（中略）若し一切、王に封じ、多く力役を給せば、乃ち是れ萬姓を勞苦せしめて、以て己の親屬を養ふなり、と。是に於て、宗室の先に郡王に封ぜられ、其の間に功無き者は、皆降して郡公と爲す。

『貞観政要・上　論封建』230p

親族が要職を占めて運営される同族会社は、一概に是非を言うことはできません。三菱は長らく岩崎一族による経営でしたが、十分うまく回っていました。良くない印象が多いのは、「親族だから」という理由で登用・信賞必罰が行われる、この点にあると言っても過言ではないでしょう。企業ではありませんが、かつて太宗が即位して間もないころ、父・高祖が親族に連なる者を残らず探し出し、すべて王位につけていた状態が続いていました。財政を圧迫し何とかしたいが、親族ゆえに対応し難いこの微妙な問題――これを解決したのが、『貞観政要』の右記の部分です。

これでは自身の親族を税金で養うために人民を働かせるようなものだ、という考えの元に、特に功績がなかった者たちを郡王から郡公に格下げして処理しました。国家国民を第一にした太宗の姿勢を反映した政策であり、また特権を削りつつも不満を少なく抑えるという調整は、なかなか真似のできない見事な処理と言えましょう。ここで肝になるのが、**「親族だからすべて格下げ」したのではなく、親族であっても然るべき功績あらばそのままの地位に留めたことです。**モノサシになるのはやはり「能力」や「経験」であり、立場ではないということを教えてくれています。身内だからとて贔屓しなかった（贔屓しようとしたこともあったが、魏徴に諫言されて聞き入れている）点も、評価し見習うべきでしょう。モノサシを誤ることがないよう気を付けなければなりません。

教誡太子諸王篇

・興亡の縁起――善因善果・悪因悪果・自因自果

國を有《たも》ち家を有つもの、其の興るや、必ず善を積むに由り、其の亡ぶるや、皆、悪を積むに在り。故に知る、善、積まざれば、以て名を成すに足らず、悪、積まざれば、以て身を滅ぼすに足らざるを。然れば則ち禍福は門無く、吉凶は己に由る。惟だ人の召《まね》く所のままなり。豈に従言ならんや。

『貞観政要・上　敎誡太子諸王』302p

善に従へば則ち譽《ほまれ》有り、過を改むれば則ち咎無し。興亡是れ繫《かか》る、勉めざる可けんや、と。

『貞観政要・上　敎誡太子諸王』303p

（大意）国や家を保つ者は、その興りは善を積んだからであり、滅びたのは悪を積み重ねたからであります。ゆえに、善行を行わなければ成功せず、悪事をしなければ身を滅ぼすこともないことが分かります。そうであれば、災難も善果も決まった入り口があるわけではなく、吉も凶も己が招くものであり、他人が引き入れるものではないという言葉は、無駄なものではありません――

（大意）善に従えば誉れがあり、過ちを改めれば咎もありません。興亡はここにかかっておりますす、努力しないことがありましょうか――

この篇には、魏徴が編纂した『諸侯王善悪録』の序文が収録されています。これは、太宗が自身の子弟たちに帝王の手本となることを意図して編纂を命じた典籍で、古の帝王たちの成功と失敗が記録されたものです。

仏教に**因果の道理**というものが教えられていますが、この部分はまさしくそれと同じことを言ったものになります。善い行いをすれば善い結果が、悪い行いをすれば悪い結果が、自分自身に返ってくる——善に向かって努力を怠らなければ、必ず善果に恵まれます。早いか遅いかの違いだけで、善を行って悪果に見舞われたということはあり得ません。実際、偉人たちは**持って生まれた才能を、相応の努力で以て開花させた**人しかいません。その上で善を施すことで、国家はよく治まり名君と呼ばれるようになったのです。その逆もまた然りです。世に「悪の栄えたためしはない」と言います。暴君や悪党がいつまでも繁栄を謳歌し得なかったのも、自分の欲を満たすために、民を虐げ苦しめるという悪を積んだがゆえです。指導者に限らず、大物を自負しながら努力を怠ったがために、活躍することもなく終わった者も数知れません。

組織でも、善に従えば誉れがあり、過ちを改めれば咎もありません。より良い組織を目指すのであれば、指導的立場にある者は人一倍の努力が要求されます。悪を遠ざけ善を積む心掛け、これなくして長久の安定は不可能であることをよくよく理解しなければなりません。その事例を『貞観政要』から紹介しましょう。

貞観の初年、廬江王・李瑗《りえん》が反乱を起こしたものの平定され、その寵姫は太宗の宮中に入れられていました。この女性は元々人妻でしたが、李瑗がその夫を殺し奪ったという経緯があったのです。王珪は、人妻を奪うことは悪であるのか太宗に問います。肯定した太宗に、『管子』の一節を引いて諫言したのです。


管子に曰く、齊の桓公、郭國に之《ゆ》き、其の父老に問ひて曰く、郭は何の故に亡びたるか、と。父老曰く、其の善を善とし、悪を悪としたるを以てなり、と。桓公曰く、子の言の若くんば、乃ち賢君なり。何ぞ亡ぶるに至らんや、と。父老曰く、然らず。郭君は善を善とすれども用ふること能はず。悪を悪とすれども、去ること能はず。亡びし所以なり、と。

『貞観政要・上 納諫』161p

郭の国が滅びた理由が、郭公は善を積み悪を遠ざけるべきことは分かっていたものの、実行することがなかったためと語られます。王珪はこの話を以て、
・誅殺されたのは反乱を起こしたという理由があれども、していることは人妻を奪った李瑗と同じであること。
・人妻を奪うことは悪だと分かっていながら止めないのは、国を滅ぼした郭公と同じであ

ること。

と堂々と述べたのです。専制君主制の時代、主君の女性関係に口を出すなど、保身の考えが露ほどもあったらできることではありません。それを実践してみせた王珪と、喜んで聞き入れ女性を郷里に帰した（聞き入れたが郷里へは帰していない等、諸説有り）太宗。積善遠悪や諫言を聞き入れる納諫など、とかく**実行することの大切さ**を教えてくれます。

最後に、結果には必ず原因がある――これを教えた言葉を紹介してこの項目を終わります。

・神永昭夫……元柔道日本代表・全日本監督

「技がかかるには必ず理由がある。かからないにも必ず理由がある」

（『プロジェクトX　新・リーダーたちの言葉　ゼロからの大逆転』）37p

・井植歳男……伝説の家電営業マン・三洋電機創業者

「私は運という言葉に非常に抵抗を感じる。人間の生涯は、その人その人が自分の歩むべき道、とるべき態度を考え、選択していくものだと私は考えている。『運がいい』

とか『そのうち運が向いてくるだろう』といった他人任せな、受け身な考え方や生き方を、私は厳しく拒否したい」

（前掲書）67p

・本田宗一郎……本田技研工業創業者

「お前は何をやっているんだ。レースでは勝ったら勝ったで、負けたら負けたで、その原因を反省しているのか。〝N360〟にしてもそうだ。ちゃんと反省しろ！」

（『プロジェクトX　挑戦者たち　二十五』）296p

論仁義篇

・統制の基本──仁義と法の併用

古來の帝王を看るに、仁義を以て治を爲す者は、國祚延長なり。法に任じて人を御する者は、弊を一時に救ふと雖も、敗亡も亦促《せま》る。

『貞観政要・上 論仁義』355p

法治国家である以上、個人も組織も法や規則といったものに従って動いています。しかし、法は万能ではありません。歴史を見ても、法を極めて厳格かつ徹底的に運用して長く続いた国家は無いことが分かります。秦はその典型です。李斯や韓非子に代表される法家思想を利用して始皇帝は統治体制を整えましたが、苛烈に過ぎたためにわずか二代で滅んでしまいました。その後を受けた劉邦の、物を盗らない・人を傷つけない・殺さないの三つから成る「法三章」は有名です。そこで、統制の基本とすべき姿勢は、やはり**仁による徳治**になるのです。

古来、国家の命運を長く保てるか否かは、仁義を以て治を為すか、法を以て治を為すかで分けられます。言い方を変えるならば、よく身を修めた者が指導者になるか否か、です。前漢の「文景の治」、唐の「貞観の治・開元の治」はいずれも「法に任じて人を御し」たものではないことからも、太宗のこの言葉は的を射ていると言えましょう。法や規則で強制せずとも、仁者が上に立てばある程度は無為にして治まります。**及ばない部分を、法で**

補うのが理想的です。この体制を目指して努力していきましょう。仁義をメインにすることが肝要です。この内容に関連することを、太宗の言葉から載せておきます。

周既に殷に克《か》ち、務めて仁義を弘む。秦既に志を得て、専ら詐力に任ぜり。但だ之を取ること異なる有るのみに非ず、抑《そもそ》も亦之を守ることも同じからず。祚の修短、意《おも》ふに茲《ここ》に在らん、と。

『貞観政要・上 論仁義』358p

（大意）周が殷に勝ったあとは、務めて仁義を弘めた。秦は統一後、もっぱらいつわりと力を使った。天下の取り方からその後の治め方も同じではない。おそらく、これが国の命運を分けるのであろう――

人は常の俗無く、但だ政に治亂有るのみなるを。是を以て、國を爲むるの道は、必ず須く之を撫するに仁義を以てし、之に示すに威信を以てすべし。人の心に因り、其の苛刻を去り、異端を作さざれば、自然に安静なり。

『貞観政要・上 論仁義』359p

（大意）**人民には常に治まっている・乱れているといった一定の風俗はなく、ただ政治に治まると乱れるがあるだけだと分かった**。従って、治国の道は仁義を以て民を慈しみ、威信を示すべきである。その願う心に寄り添い過酷な法を除去し、あるべき道にそむくことをしなければ、自然に天下は安静になるのだ――

林深ければ則ち鳥棲み、水廣ければ則ち魚游び、仁義積めば則ち物自ら之に歸《き》す。（中略）夫れ仁義の道は、當に之を思ひて心に在らしめ、常に相繼がしむべし。若し斯須《ししゅ》も懈惰《かいだ》せば、之を去ること已に遠し。

『貞観政要・上 論仁義』362～363p

（大意）林が深ければ多くの鳥が棲みつき、水が広ければ多くの魚が集まるように、仁義の道を歩けば人は自然とついてくるものである。（中略）そもそも仁義の道というものは、常に心にかけて継続しなければならない。もしわずかな間でも怠ることがあれば、この道から遠く離れてしまうのだ――

論忠義篇

・士は己を知る者のために死す――ふさわしい待遇で迎えるべし

『貞観政要・上　論忠義』384〜385pにかけて、人材は相応の待遇を用意しなければ探し求めることはできず、また力を発揮してくれることはない、という論旨の内容が展開されます。人材は当代にいる、とは前の項にて取り上げましたが、それにも関係します。すべて載せるとかなり長くなってしまうので、当該文章の要約を載せます。

・かつて衛の懿公が狄に殺され、肝を残して食い尽くされた際、慟哭し自らの肝と入れ替えた弘演という忠臣がいた。太宗は、そのような臣下を求めることはできないだろう、と言う。

・それに対し魏徴は、「士は己を知る者のために死す」の言葉で有名な晋の豫譲《よじょう》の逸話を引き、人材招致の成否は君子の態度一つにかかっていると反論する。

晋の豫譲については『史記』刺客列伝に所収されていますので、そちらをご覧ください。この逸話で特に重要な箇所は、豫譲の言葉になります。

・「自分はかつて范氏・中行氏に仕えたのは仕えたが、凡人として処遇されたので、自分もまた凡人として報いた。だが智伯は国士として迎えてくれた。だから自分もまた国士として報いるまでだ」

魏徴が最も主張したかったのはここで、せっかく賢者が来てくれても、与えるのが閑職では恩義を感じることはなく、力を発揮することも留まることもないという点です。交換可能な部品程度の認識で人を処遇すると、やはり相手もその程度でしか報いることはありません。ここはたいへん重要なところですので、指導的立場にある方は返す返す忘れることがないようにしたいものです。

三国志において、劉備に仕えた龐統《ほうとう》という軍師がいます。彼は当初見合わない地位を与えられ、真面目に取り組むことなく手を抜いていましたが、抜擢されてからは腕を振るうようになりました。これも右記のとおりであり、偶然の産物ではありません。

漢の高祖に仕えた韓信もまた然り。劉邦の下に来ても、待遇が項羽の時と変わりなかったため、他の将兵に紛れて逃げ出したことがありました。蕭何が報告する間もなく追いかけましたが、その急ぎぶりに蕭何まで逃亡したと勘違いする者が出るくらいでした。何とか韓信を引き留め、天下を得たいならば韓信を使わないという選択肢はないことを劉邦に力説。蕭何の強い推薦に紆余曲折を経て、いきなり大将に大抜擢したところから、劉邦は覇者への道を加速していくことになったのです。

大きな働きを期待するなら、必ずふさわしい待遇で迎えること。それは地位を与えれば良いという短絡的な話ではありません。「彼を知り」、いかなる待遇がふさわしいのか――理解したうえで用意することが肝要です。

論誠信篇

・リーダーがもたらす影響――指導者は源流、部下は流水の如し

朕聞く、流水の清濁は、其の源に在るなり、と。君は政の源、人庶は猶ほ水のごとし。君、自ら詐を為して、臣下の直を行はんことを欲するは、是れ猶ほ源濁りて而も水の清からんことを望むがごとし。理として得可からざるなり。『貞観政要・上　論誠信』413p

（大意）朕は**流れる水の清濁は、その源流で決まる**、と聞いている。**君主は政治の源であり、人民は水である。**君主が自他を欺いておきながら臣下に正直を求めるのは、ちょうど源流が濁っているのにきれいな水を望むようなもの。道理として、あり得ないことだ――

指導者次第で組織は良くも悪くもなるとは常々申し上げることですが、それを教えた言葉になります。

リーダーを源流に、その下の者を流水に例えたものです。この部分は、太宗が偽って怒ったふりをし、それに対して諫めるか否かで佞臣が判明するから実行してほしい、という上奏文に対しての言葉になります。己が嘘を言っておきながら人には正直を求めるのは、理論の上から言ってもおかしな話です。上を見習って下の者も同じことをするようになる

からこそ、指導者を源流に例えて、言動には慎むべきことを教えたこの言葉、よくよく踏まえなければなりません。活気がない組織は、たいてい指導者が濁っているものです。

・**成否の帰結――善果は人の手柄、悪果は己の責任**

古の哲王は、己を罪して以て人を尤《とが》めず、身に求めて以て下を責めず。

『貞観政要・上 論誠信』440p

（大意）古の賢哲な王は、悪果や災難の際には自分自身に原因を求め反省して、人のせいにすることはなかった――

悪果や災難に見舞われた際、乗り切ることができるか否かは、指導者の態度で決まります。すなわち、部下や関係者など人のせいにして原因を追究することがない――これが失敗不可避の態度となるのです。それを教えた文言になります。

天候に起因する災害などは例外というものであり、この限りではありません。従って災害まで己に原因を求めることは不要ですが、人為的な悪果・失敗の際は人のせいにしてはなりません。部下が失敗したのは、部下が悪いのでは？　確かに、部下も悪いかもしれま

せん。それは一見すると尤もらしいかもしれませんが、そのような時にリーダーが考えるべきは、

・なぜ失敗したのか。
・適不適を鑑みて任せたのか。不得手なことをさせなかったか。
・うまくいくような配慮・気遣い・環境作りを怠る事はなかったか。

といった項目です。責めて終わったのでは次に活きることはなく、同様な失敗を繰り返すことになります。上司はいつも人のせいにする——こんな声が聞こえるような組織に、勢いが出るはずがないのです。

ここでもう一つ、見出しにあるとおり**善果は部下の手柄に帰結させる**のが良い組織作りのコツになります。悪果は自分の責任で原因を追究するのに、善果は人に譲るのかという声が聞こえてきそうですが、これが**指導者に求められる姿勢であり、また強固な信頼関係を構築する際に有効なもの**です。事例を紹介しましょう。

『プロジェクトX　挑戦者たち　二十』

「**指導者は三流、選手は一流。勝ったときは生徒の努力、負けたときは監督の責任**」

（『プロジェクトX　挑戦者たち　二十』）193p

兵庫の駅伝強豪校、西脇工業高校。この言葉は、荒れていた西脇工業高校に赴任した渡辺公二のものです。渡辺は全国屈指の水準まで駅伝チームを鍛え上げたのみならず、伏見工業高校と同じように、学校全体にまで感化を及ぼしました。

成功した時は部下の努力、失敗した時は上司の責任。成功を還元することで部下たちの士気は大きく上がり、信頼にもつながっていくことに、異論はないかと思います。また自分が率先して責任を取るという姿勢は、部下に精神的余裕を与えることになり、それは想像力を養い、実行力を磨くことにつながります。失敗しても守ってくれる――この安心感が与え得る影響、軽んじるべきではありません。もう一例紹介して、次に移りたいと思います。

『プロジェクトX　挑戦者たち　二十三』

「責任をかぶる上司というのは普通冒険を止めるものですよ。それが、こんな言葉を言われれば、そりゃあ、奮い立ちますよ」

（『プロジェクトX　挑戦者たち　二十三』）45p

「成功の見込みが三十％でも挑戦する価値がある」というクラウン開発の主査・中村健也の言葉を受けての、部下の言葉です。士気が上がったゴムマウントのチームは、強靭なゴムの開発を成し遂げました。

・五徳――指導者が備えるべき、五つの素養

仁智禮義信、之を五常と謂ふ。一を廢すれば不可なり。能く勤めて之を行はば、甚だ裨益《ひえき》有らん。殷紂、五常を狎侮《こうぶ》し、武王、之を伐つ。項氏、仁信無きを以て、漢祖の奪ふ所と爲る。

『貞観政要・上　論誠信』459p

（大意）「仁・義・礼・智・信、これを五徳と言います。一つでも欠けていてはなりません。よく努力してこれを実行したなら、大いに利益があります。かつて殷の紂王は、五徳を馬鹿にし実行しなかったため武王に討たれました。項羽には仁・信がなかったために、漢の劉邦に天下を奪われることになりました」――

五徳とは、仁・義・礼・智・信の五つを言います。これは指導者が身に付けるべき徳目を言ったもので、名君や名将と言われる傑物の多くは、これらを備えていました。**実は中国古典が教えていることは、この五徳に集約されます。**

重臣の一人、房玄齢の言葉です。一つでも欠けていてはならず、その具体例として殷の紂王と項羽を引き合いに出して論じています。『貞観政要』の他にも、兵法書『孫子』の冒頭にある、勝敗を分ける要素「五事」の一つ「將」としても教えられるものです。

この五徳がいかなるものかという説明はありませんが、『大漢和辞典』より、その意味するものを列記します。

仁……①いつくしむ。親しむ。⑥なさけ。おもひやり。
（諸橋轍次・編『大漢和辞典　一』）577p

義……⑤のり。みち。人の行ふべき徳。⑧をとこ氣。義俠。
（前掲『大漢和辞典　九』）75p

礼……①ゐや。ふみ行ふべきのり。③うやまふ。
（前掲『大漢和辞典　八』）501p

智……①ちゑ。⑤識る。⑥知に通ず。
（前掲『大漢和辞典　五』）905p

信……①まこと。④しるし。
（前掲『大漢和辞典　一』）748p

房玄齢は一つも欠けてはならない、と言っていますがすべて備えるのは困難です。無論、それは理想で目指すべき到達目標ではありますが、仁・義・信の三つは最低限備えるべきでしょう。**人への思いやり、筋を通す人の道、信用**……これらだけでも人の見る目は違ってきます。そのためには古典の知恵を、思索と実行を通して「身を修めて」いく以外にありません。

「仁」について補足しますと、小さな仁に目を奪われると、大きな仁を損なってしまうことがあります。『貞観政要』に以下のように述べられます。

梁の武帝、毎年数々《しばしば》赦し、卒に傾敗に至る。夫れ小仁を謀る者は、大仁の賊なり。

『貞観政要・下 論赦令』664p

梁の武帝が毎年のように恩赦を行い、そのために国が傾いたことを引き合いに出し、小さな仁を謀る者は大きな仁を損なうものだ、と語られます。その理由として、恩赦をしばしば行うと、それを狙って小人が犯罪を考えるようになり、過ちを改めることができなくなることを挙げています。「犯罪者への恩赦」という小さな仁のために、「治安のさらなる悪化」という大仁を損ねることは、まさに戒めるべきことでありましょう。事例を一つ、

「宋の襄《じょう》公」を紹介しておきます。

公曰く、君子は人を阨《やく》に困《くる》しめず。列を成さざるに鼓せず、と。子魚曰く、兵は勝を以て功と爲す。何ぞ常言せんや。必ず公の言の如くせば、即ち奴として之に事へんのみ。又何ぞ戦うを爲さん、と。

（吉田賢抗・著『史記　世家　上』）287p

宋の襄公が楚の成王と戦った時のことです。宋軍は布陣を完了していましたが、楚軍はまだ河を渡っている最中でした。臣下の目夷《もくい》が、敵は多勢で味方は無勢ゆえに、隙だらけの今即時攻撃すべきと進言しますが、公は聞き入れません。渡り終えてしまいましたが、布陣はまだ整いません。目夷は再度攻撃を進言しますが、やはり聞き入れません。結局兵力に劣るにも拘わらず真っ向勝負を挑んだ結果、宋は惨敗。多くの将兵が犠牲になり、公も大けがをして逃げ帰ったのです。公は「君子というものは、人の（まだ戦闘準備が整わないという）弱味につけこむことはしないものだ」と弁解し、国中から恨まれることになってしまいました。今日、「かける必要のない余計な情け」を意味する「宋襄の仁」ということわざの出典になったお話です。

宋の襄公は圧倒的に不利な状況でありながら「敵軍の戦闘準備が整うまで待つ」という小さな仁のために、「自国の将兵の多くを犠牲にする」という大仁を損ねてしまった事例となります。平時の道理を戦時に持ち込んでいることに対しての非難も書かれているとおりですが、上に立つ者ほど、「小仁を謀る」ようなことになっていないか、注意する必要があります。

論謙譲篇

・謙虚の徳目――実るほど頭を垂れる稲穂かな

聖人の教を設くるは、人の謙光ならんことを欲し、己、能有りと雖も、自ら矜大にせず。仍《な》ほ不能の人に就いて、能事を求訪し、己の才藝《さいげい》、多しと雖も、猶ほ以て少《すくな》しと爲し、仍ほ寡少の人に就いて、更に益する所を求め、己の有りと雖も、其の状、無きが若く、己の實《み》てりと雖も、其の容、虚しきが若し。『貞観政要・下 論謙譲』473p

（大意）孔子が教えを設けたのは、人にへりくだり、徳が輝くことを欲してのことです。能力があってもなお能力に乏しい人にも教えを尋ね、種々の才芸に秀でていてもなお乏しい人にも教えを尋ねる。さらに自分を高めていくことを求め、有っても無いように振る舞う――

謙虚さは日本において、美徳の一つとされるものです。高橋是清が指摘するとおり、常識が偏頗なく発達している人にはおのずと付随しているものの一つになりますので、これの有無が評価に関わってくるのも当然のことになります。そもそも歴史を見ても、天才を自称していた者に本物の天才がいたことがあるでしょうか？　旧帝国海軍にも天才を自称して憚らなかった海軍大将が重役に就いていていましたが、「居眠り総長」や「ぐったり大将」

といった恥ずかしいあだ名をつけられていたところから、その実力は推して知るべしでしょう。「謙虚さに欠ける」というのは、「傲慢である」ことの裏返しでもあります。『貞観政要』で教えられる、誰彼問わず耳を傾ける「兼聴」には無縁になりますので、そのような指導者が立つ組織がうまく機能するはずがないのです。

斉《せい》の桓公《かんこう》は自らへりくだって、管仲《かんちゅう》や鮑叔《ほうしゅく》、甯戚《ねいせき》といった賢者を迎え、任用したので覇者となりました。もし桓公が彼らを呼びつけるような態度だったならば、斉の歴史は変わったものになったことでしょう。経験を積み、地位が上がれば上がるほど人は傲慢になったり横柄な態度を取ったりするようになります。ですから、我が国にも「実るほど頭を垂れる稲穂かな」という格言があるのです。人間として成長し、充実していけばいくほど頭が下がり、腰が低くなる……これを念頭に努力を怠らなければ、人から大きな信頼を勝ち得ることでしょう。『貞観政要』と『プロジェクトX』から事例を紹介しておきます。

我を尊しと謂《おも》ひて賢に傲《おご》り士を侮る勿れ。我を智なりと謂ひて諫を拒《ふせ》ぎ己に矜る勿れ。

『貞観政要・下 論刑法』639p

(大意) 自分の地位が高い、尊い身分だからといって賢者に対して驕り高ぶり、人を侮ってはならない。自分を智者だと思い、人の諫言に耳を塞ぎ、才能や智慧を誇ってはならない――

『プロジェクトX　挑戦者たち　十一』

「仮にも社長さんであるし、しかも私のような年下の男に対して、なかなか頭を下げられるものじゃない。本当に学生を必要としているという一所懸命さが伝わってきて、これは放っておけないなと思いました」

（『プロジェクトX　挑戦者たち　十一』）31p

「私のような学生に対しても、とにかく腰が低くて、気さくで熱心な人でした。その人柄の良さに惚れたという感じでしたね」

（前掲書）34p

19～20pにて紹介しました、山崎久夫についての言葉です。このような人物だったからこそ、人材が結集したことをよく示している部分になります。

論仁惻篇

・迷信に惑うことなかれ

君臣の義は、父子に同じ。情、衷《ちゅう》より發す。安んぞ辰日《しんじつ》を避けんや、と。遂に之を哭す。

『貞観政要・下 論仁惻』479p

貞観五年、人有り注解圖讖《としん》（未来の吉凶に関する予言書）を上《たてまつ》る。太宗曰く、此れ誠に不経の事、愛好する能はず。

『貞観政要・下 愼所好』489p

科学が発達した現代においても、未だに取るに足らない迷信を信じたり当てにしたりする者が後を絶ちません。占いや神頼み、祈祷といったものに、効果は何もありません。もしそれで願いが実現するならば、「努力」という概念も単語も存在しないことでしょう。同様に「吉兆」「不吉」というような考えも妄言であります。また、困った時の神頼みなどというものは、「なぜ困るようなことになったのか？」という原因追究の放棄でありますので、もってのほかです。

引用部分の前者は、辰の日に死者を哭してはならない、という迷信を太宗は破り、亡くなった張公謹のために、その死を悲しむ哭の礼を行ったことが記されます。後者は予言書の上書があった際に、道に外れるものであるから好んで見ることはしない、と太宗は焼き捨てさせたことが記されます。いずれも、迷信に囚われることなく政務に励んだ太宗の姿を見て取ることができるものです。

次は『晏子春秋・上』（谷中信一・著）88pより、概略を見ていきましょう。

斉の景公の病が久しく治癒することなく、祈祷をさせたが効果が見られない。そこで祈祷を行った者を処刑し、上帝に申し開きをしようとする――その際交わされた、晏子との問答の一部分です。晏子はここで、

・祈りに益する力があるなら、呪いにもまた損ねる力があるはずである。

・景公の失政を国中が恨んでいるのに、わずか二人が祈って勝てるはずもない。

・そもそも祈る時に直言すれば主君を謗ることになり、過ちをごまかせば上帝を欺くことになる。上帝に真に力があるならば嘘をついてもお見通しであり、力がないのであれば元より益はない。

・このように考えれば、努力や反省は必然である。これをすることなく、罪のない民を殺してきたのが桀・紂であり、その滅んだ原因である。

このように晏子は理路整然と主君に説きます。祈祷を否定し、合理的な考えから主君を戒める晏子の姿勢を見ることができます。

もう一人、『史記　列伝六』（青木五郎・著）251～259pより魏の文侯に仕えた西門豹《せいもんひょう》を

見ておきましょう。こちらも概略を見ておきましょう。

鄴《ぎょう》の長官に任命された西門豹は、「黄河の神に嫁を捧げなかったら、怒りをかって洪水を起こされる」という話を聞きます。その儀式の当日に西門豹は同行し、嫁となる女性を見て、「この娘は美人ではない。後日美人を送る旨を神に伝えよ」と言うなり、巫女の長を問答無用に河に沈めました。長が戻ってくるはずはなく、催促という名目で弟子を沈めさせ、今度は長老に説明させるためと言って長老を投げ込みます。全員戻ってくるはずもなく、さらに土地の有力者を投げ込もうとしたところで皆が命乞いを始めました。そこで西門豹は沈めた者が戻ってこない理由を述べ、住民を立ち去らせたところ、この儀式は二度と行われることがなかったのです。

西門豹は、長い間続き、たくさんの娘が犠牲になってきた迷信を打破しました。人が犠牲になることに関して無頓着であっても、自分がまさに生贄にされるとなると誰でも必死になります。自分がされたくないなら人にもしてはならない――それを行動で示した手腕、たいへん見事なものでしょう。西門豹はそれで終わらず、灌漑事業に乗り出して治水に貢献し、流域の住民は皆豊かになりました。迷信を打ち破っただけでは洪水は変わらず発生しますので、科学的に解決する必要があったわけです。

上杉鷹山や武田信玄にも迷信を排除した実績が伝わっています。これらの歴史から、論理的・合理的・科学的な考え方をしっかり身に付けたいところです。

慎言語篇

・口は禍の元——口から出た言葉は取り消し不可能

言語は、君子の樞機《すうき》なり。談何ぞ容易ならんや。（中略）其の虧損《きそん》する所、至大なり。豈に匹夫に同じからんや。

『貞観政要・下 愼言語』491p

（大意）言葉は君子にとって、たいへん肝要なものである。どうして容易く談論できようか。（中略）その損失はまことに大きいものであり、一般人と同じにすることはできない

——

古代から現在まで言われ続ける格言の一つに、「口は禍の元」という、言葉に関するものがあります。「口は禍の門」「舌は身を切る刀」といった言葉の他、一度発した言葉は四頭立ての馬車で追っても戻すことはできないことを意味する「駟《し》も舌に及ばず」（『論語顔淵』）というものもあるように、言葉一つで失敗を繰り返してきたからこそ、多くの言い回しがあったり伝えられたりしてきたのでしょう。情けないことに、愚かさや無知ぶりを暴露するような軽々しい発言をする者は少なくありません。上に立つ者ほど、その影響は大きなものになっていきますので、より慎重になる必要があります。

単なる発言に止まるものではなく、言葉で交わす約束などもこれに当たります。できも

しないことは安請け合いしてはなりません。『三越創始者　日比翁助』に教えてもらいましょう。

一旦返事をした以上はその返事は千金にも代え難い。

（『三越創始者　日比翁助』）150p

一旦口から出た言葉は取り消し不可能……ゆえに、返事もまた千金にも代え難いのです。このようにどこまでも注意を払っても払いすぎることはないからこそ、「沈黙は金、雄弁は銀」という格言も重みを持つことになります。

『十八史略』より、取り返しのつかない事態を招いた事例を見ておきましょう。

張貴人、年三十、寵、後宮に冠たり。酔中之に戯れて曰く、汝、年を以てすれば亦當に廢すべし、と。貴人、婢をして其の面を蒙《おほ》はしめて之を弑す。

（林秀一・著『十八史略　下』）532p

晋の孝武帝が酔った拍子に、寵姫の張貴人を年増扱いします。言わんとするところは、おばさんをお払い箱にして若い女性に代えること。当人は冗談で言ったようですが、三十路になっていた貴人は真に受けてしまい悲劇が起きます。孝武帝の隙をついて窒息死させてしまったのです。

美しければ、十代からでも後宮に連れてこられたような時代です。そんな中、三十路といったらもはや高齢といって差し支えないでしょう。張貴人に通じる冗談でないことは分かるはずですが、酒のために口にしてしまった一言のため、命を失うことになったのです。

次もまた、たった一言の失言のために、取り返しのつかない事態を招いた事件です。

銀行破綻の危機的状況に加え野党からの野次、怒号に冷静さを欠いた大臣は、思わずメモの内容を口走ってしまう。「現に今日正午頃に於いて、渡辺銀行がとうとう破綻をいたしました」

（『その時歴史が動いた　11』）190p

昭和失言恐慌とも言われますが、この一件は「口は禍の元」の最たるものと言えます。様々な噂や疑惑が飛び交い、預金の引き出しが相次いでいた状況です。大きな不安はさながら火薬庫のようであり、何が着火物になってもおかしくありませんでした。そんな中で発されたのが、渡辺銀行破綻の一言です。これは金融を主管する大臣が一番言ってはならなかった一言でした。高い地位になればなるほど、言葉の影響は比例する……「言語は、君子の枢機なり。談何ぞ容易ならんや」「其の虧損する所、至大なり。豈に匹夫に同じか酒が入らんや」という太宗の言葉は、まさしく金言であり、金科玉条とも言えましょう。酒が入っている時、慌てている時等……気を付け過ぎることはありません。

論奢縱篇

・児孫の為に美田を残さず

凡《およ》そ國を理むる者は、務めて人に積み、其の倉庫を盈《み》たすに在らず。（中略）恕し其れ不肖ならば、多く倉庫を積むも、徒に其の奢侈を益《ま》さん。危亡の本なり、と。

『貞観政要・下 論奢縦』523p

隋の文帝が臣民に施すことをせずに穀物を貯め込んだ結果、五十～六十年分供給できる蓄えができ、次の煬帝はそれを頼みにして贅沢をしたために滅んでしまったことがこの直前で語られ、太宗は莫大な財産を残した文帝に、煬帝が滅んだ原因があると述べます。それに続けて、右の言葉どおり、蔵に資産を満載して残したところで、不肖の子孫であればそれを頼みに贅沢を極めて食いつぶすだけであると指摘し、膨大な遺産はかえって滅びる元であると明らかにするのです。

子孫のために財産を多く残すことはしない――「子孫のために美田を買わず」のことわざ、耳にしたことがあるかと思います。経験則で多くの先人たちも学んだからこそ、古くから言い継がれてきたのでしょう。子孫が苦労をしないように……親や先祖の思いも、その子孫にはなかなか届かないのが歴史の常です。

さらに古い時代にも同様の言及がありますので、事例を見ておきましょう。

賢にして財多ければ、則ち其の志を損し、愚にして財多ければ、則ち其の過を益す。且つ夫れ富は衆の怨《うらみ》なり。吾其の過を益し怨を生ずることを欲せず、と。

（林秀一・著『十八史略　上』）297p

前漢の宣帝の時代、太子の師である疏廣《そこう》と疏受《そじゅ》が暇乞いをし、黄金を下賜されたことがありました。二人はこれを貯め込むことなく、一族や旧知の者、賓客らをもてなすために使い果たしてしまい、子孫に残すことはしませんでした。その理由を、

・賢者であっても、財産が多ければそれを頼みにして志を失ってしまう。

・愚者であれば、財産を頼みに過失に醜態を重ねてしまう。

・そもそも富というものは、往々にして人の怨みや妬みを招くものである。

と述べ、自分たちは、子孫が過失や悪事を積み重ねたり、恨まれたりするのを望まない、と言ったのです。

とにかく財産を残してはならないんだ、という捉え方は正確とは言えません。子孫たちをしっかり教え育て、「身を修める」ことができていれば、古人が危惧するようなことは起こりません。重要なのは、資産を有意義に扱えるように育てること。これを怠りなく実行すれば、子孫の長久の安定を得ることは難くありません。

『貞観政要』のこの部分で補足しておきますと、太宗は煬帝が滅んだ原因を父の文帝にあると述べていますが、これは適切ではありません。煬帝が滅んだ原因は、文帝の残した国家の資産を活かすことなく食いつぶし、なおも贅沢をやめなかった煬帝自身にあります。原因の追究を誤ると、同じ失敗を繰り返すことにもなりますので、決して人のせいにして片づけてはなりません。

おわりに

全体のうちわずかしか取り上げていませんが、これにて終わりにしたいと思います。読み方は一つではありませんので、通釈だけ読んでいく等、自分に合ったやり方で新釈漢文大系『貞観政要』を読んでみてください。『プロジェクトX』や『その時歴史が動いた』も併読すると、より理解も深まり効果的になります。

この『人格修養のすすめ』の構成は、『貞観政要』の文言を骨格として、具体的な成功・失敗事例、また参考になるようなものを、その他古典や歴史から引くというものになっています。『プロジェクトX』からの引用も少なくありませんが、それだけ良き具体例に溢れているからに他なりません。

『貞観政要』を通読すれば、太宗は自分で口にした戒めを破ったり、初心に違《たが》えることをしたりしても、それに対する諫言を聞き入れ、改めることを繰り返していることが分かります。「貞観の治」も、「中国史上最高の名君」という誉れも、太宗の不断の努力によって後人によって与えられたものです。超人的な能力で以て成し得たものではないこと、ゆめゆめ間違えてはなりません。努力が直接結果に結び付かないことはありますが、違う形で結実することは普通にあることで、また成功者や偉人は例外なく人一倍の努力をしています。従って、努力は決して裏切ることはない、それは先人たちが証明済みです。

優れた指導者・リーダー・名君への道は、ただ努力によってのみ進むことができます。蒔いた種は必ず生える、蒔かぬ種は絶対に生えぬ。因果の道理に狂いはありません。『貞観政要』を極めたならば、あなたは最高のリーダーとなっていること、疑いありません。この到達点を目指し、お互いに研鑽していきましょう。

最後にこの本を書くにあたって、いろいろとご指導いただいた文芸社の皆様に深く感謝申し上げます。

参考・引用文献

『アイヒマン調書　イスラエル警察尋問録音記録』
　ヨッヘン・フォン・ラング編　小俣和一郎・訳　二〇〇九年発行　岩波書店
『晏子春秋　上巻』谷中信一・著　二〇〇〇年発行　明治書院
『晏子春秋　下巻』谷中信一・著　二〇〇一年発行　明治書院
『出光五十年史』出光興産株式会社・編　一九七〇年発行　出光興産
『井上成美』井上成美伝記刊行会・編　一九八二年発行　井上成美伝記刊行会
『井上成美』阿川弘之・著　一九九二年発行　新潮社
『岩崎彌太郎傳　上巻』
　岩崎彌太郎・岩崎彌之助傳記編纂会・編　一九六七年発行　凸版印刷
『岩崎彌太郎傳　下巻』
　岩崎彌太郎・岩崎彌之助傳記編纂会・編　一九六七年発行　凸版印刷
『岩崎彌太郎　治世の能吏、乱世の姦雄』小林正彬・著　二〇一一年発行　吉川弘文館

『大番頭　金子直吉』鍋島高明・著　二〇一三年発行　高知新聞社
『甲斐志料集成　9』甲斐志料刊行会・編　一九三二年発行　甲斐志料刊行会
『公益の追求者・渋沢栄一（新時代の創造）』渋沢研究会・編　一九九九年発行　山川出版社
『孔子家語』宇野精一・著　一九九六年発行　明治書院
『呉兢　貞観政要』守屋洋・訳　二〇一五年発行　筑摩書房
『古典の叡知』諸橋轍次・著　一九八一年発行　講談社学術文庫
『私観太平洋戦争』高木惣吉・著　一九六九年発行　文藝春秋
『史記　五　世家　上』吉田賢抗・著　一九七七年発行　明治書院
『史記　十三　列伝　六』青木五郎・著　二〇一三年発行　明治書院
『士魂商才の大海賊　出光佐三の名言』野中根太郎・著　二〇一六年発行　アイバス出版
『十八史略　上』林秀一・著　一九六七年発行　明治書院
『十八史略　下』林秀一・著　一九六九年発行　明治書院
『主査　中村健也』和田明広・編　一九九九年発行　トヨタ自動車株式会社　技術管理部
『昭和の名将と愚将』半藤一利・保阪正康・著　二〇〇八年発行　文春新書
『貞観政要　上巻』原田種成・著　一九七八年発行　明治書院
『貞観政要　下巻』原田種成・著　一九七九年発行　明治書院
『貞観政要を読む』疋田啓佑・著　二〇〇七年発行　明徳出版社

『上州権田村の驟雨　小栗上野介の生涯』星亮一・著　一九九五年発行　教育書籍
『尋常小學修身書　兒童用』全六巻　文部省・著　一九一八年復刻版　東京書籍
『随想録』高橋是清・遺著　一九三六年発行　千倉書房版
『鈴木貫太郎』小堀桂一郎・著　二〇一六年発行　ミネルヴァ書房
『戦国策』全三巻　林秀一・著　一九九〇年発行　明治書院
『戦国成語史話』細川邦三・著　二〇一九年発行　文芸社
『その時歴史が動いた』全三十四巻
NHK取材班・編　二〇〇〇～二〇〇五年発行　KTC中央出版
『大漢和辞典』諸橋轍次・編　一九四三年発行　大修館書店
『歎異抄ってなんだろう』高森光晴、大見滋紀・著　二〇二一年発行　1万年堂出版
『歎異抄をひらく』高森顕徹・著　二〇〇八年発行　1万年堂出版
『中国古典「一日一話」』守屋洋・著　二〇〇四年発行　三笠書房
『中国古典名言集』全五巻　諸橋轍次・著　一九七六年発行　講談社
『帝範　帝王学の中の帝王学』坂田新・著　一九八一年発行　竹井出版
『日本の軍人100人　男たちの決断』別冊宝島編集部・編　二〇一六年発行　宝島社
『濱口雄幸遺稿　随感録』濱口富士子・編　三省堂　一九三一年発行
『半藤一利の昭和史』前島篤志・編　二〇二一年発行　文藝春秋

『ヒトラー・コード』
H・エーベルレ・著　M・ウール編　高木玲・訳　二〇〇六年発行　講談社
『ヒトラーの共犯者：12人の側近たち　上巻』
グイド・クノップ・著　高木玲・訳　二〇〇一年発行　原書房
『ヒトラーの共犯者：12人の側近たち　下巻』
グイド・クノップ・著　高木玲・訳　二〇〇一年発行　原書房
『プロジェクトX　新・リーダーたちの言葉：ゼロからの大逆転』
今井彰・著　二〇〇四年発行　文藝春秋
『プロジェクトX　挑戦者たち』全三十巻　プロジェクトX制作班・編　日本放送協会
『まっすぐな生き方』木村耕一・著　二〇一六年発行　1万年堂出版
『三越創始者　日比翁助』星野小次郎・著　一九五一年発行　日比翁助翁傳記刊行會
『三越物語　劇的百貨店、その危機と再生』
梅本浩志・著　一九八八年発行　TBSブリタニカ
『明治の巨人　岩崎弥太郎』砂川幸雄・著　二〇一一年発行　日本経済新聞出版社
『名将言行録　後篇　上』岡谷繁実・著　一九〇九年発行　文成社
『孟子』内野熊一郎・著　一九六二年発行　明治書院
『諸橋轍次博士の生涯』漢学の里・諸橋轍次記念館・編　一九九三年発行

『米内光政』阿川弘之・著　一九八二年発行　新潮社
『歴史と名将　戦史に見るリーダーシップの条件』
山梨勝之進・著　一九八一年発行　毎日新聞社
『論語』吉田賢抗・著　一九六〇年発行　明治書院
『論語講義』全七巻　渋沢栄一・著　一九七七年発行　講談社

著者プロフィール
都 泰寛（みやこ やすひろ）
1989（平成元）年、鳥取県生まれ。
大正大学大学院修士課程修了。
漢字検定準一級取得。

『貞観政要』は全10巻40篇からなりますが、本書の見出しは40篇の中から特に学ぶべき15篇を抜粋したものです。

人格修養のすすめ

2023年5月15日　初版第1刷発行

著　者　都 泰寛
発行者　瓜谷 綱延
発行所　株式会社文芸社
〒160-0022　東京都新宿区新宿1－10－1
電話　03-5369-3060（代表）
03-5369-2299（販売）

印刷所　図書印刷株式会社

ISBN978-4-286-30057-3